Que faut-il faire pour être sauvé ?

Dans la même collection
dirigée par Alain Houziaux

Comment accepter de vieillir ? P.-L. Assoun, J.-D. Bredin, M. de Hennezel, 2003.
Peut-on faire le bonheur de ses enfants ? P. Bebe, C. Eliacheff, P. Lassus, 2003.
A-t-on encore besoin d'une religion ? A. Comte-Sponville, B. Feillet, A. Rémond, 2003.
Le christianisme, quel impact aujourd'hui ?, O. Abel, A. Duhamel, P. Joxe, J.-M. Lustiger, P. Ricœur, 2004.
Y a-t-il quelque chose après la mort ?, C. Geffré, A. Houziaux, C. Javary, M. Labidi-Maïza, 2004.
Le voile, que cache-t-il ?, J. Baubérot, D. Bouzar, J. Costa-Lascoux, A. Houziaux, 2004.
Doit-on légaliser l'euthanasie ?, A. Comte-Sponville, M. de Hennezel, A. Houziaux, A. Kahn, 2004.
La religion peut-elle rendre heureux ?, A. Houziaux, M. Labidi-Maïza, L. Pernot, M. Serfaty, 2004.
D'où vient l'univers ?, A. Guiderdoni, A. Houziaux, M. Malherbe, J.-L. Schlegel, 2004.
Dieu, c'est quoi finalement ?, C. Geffré, A. Gounelle, A. Guiderdoni, A. Houziaux, 2005.
Les esprits, est-ce que ça existe ?, Y. Dulac, A. Eleuch, A. Houziaux, C. Javary, 2005.
Israël, les juifs, l'antisémitisme, J. Attali, P. Boniface, A. Houziaux, G. Israël, 2005.
L'Europe, jusqu'où ?, A. Duhamel, A. Houziaux, H. Le Bras, P. Moreau Defarges, 2005.
Où va le protestantisme ?, J. Baubérot, J.-A. de Clermont, A. Houziaux, P. Joutard, O. Vallet, 2005.
La liberté sexuelle, jusqu'où ?, A. Houziaux, C. Olivier, O. Vallet, I. Yhuel, 2005.
L'aide au tiers-monde, à quoi bon ?, S. Brunel, A. Houziaux, P. Kipré, M.-A. Pérouse de Montclos, 2005.
Les retraites, quelle justice ? P. Artus, A. Houziaux, J.-C. Le Duigou, R. Rochefort, 2005.
Les affaires, la politique, la justice, A.-J. Fulgéras, A. Houziaux, G. le Foyer de Costil, A. Montebourg, 2005.
La religion est-elle une superstition ?, P. Gaudin, A. Gounelle, A. Houziaux, M. Serfaty, 2005.
Le chômage, à qui la faute ?, N. Baverez, J.-B. de Foucauld, A. Houziaux, A. Minc, 2005.

Imprimé en France *Printed in France*
ISBN 2-7082-3801-9

Alain Houziaux
Gérard Israël
Fabrice Midal
Raphaël Picon

Que faut-il faire pour être sauvé ?

LES EDITIONS DE L'ATELIER

Les Editions Ouvrières
12 avenue Sœur Rosalie
75013 Paris

Le contenu de cet ouvrage prend sa source dans une conférence organisée par le pasteur Alain Houziaux en avril 2004 au Temple de l'Église réformée de l'Étoile, 54, avenue de la Grande-Armée dans le XVIIe arrondissement de Paris.

Présentation des auteurs

Alain Houziaux est pasteur de l'Église réformée de l'Étoile, docteur en théologie, docteur en philosophie. Il est notamment l'auteur de *Paraboles au quotidien* (Cerf, 1995) et *Les grandes énigmes du Credo* (DDB, 2003).

Gérard Israël, philosophe de formation, est l'auteur de nombreux ouvrages de pensée religieuse, notamment *Volupté et crainte du Ciel. Peut-on se libérer du péché originel ?* (Payot, 2002) et (en collaboration) *Le Coran, Jésus et le judaïsme* (DDB, 2004). Aux Éditions de l'Atelier, il a récemment coécrit *Israël, les juifs, l'antisémitisme* (2005).

Fabrice Midal est docteur en philosophie et enseignant bouddhiste. Il est notamment l'auteur de *Mythes et dieux tibétains* (Le Seuil, 2000) et *Lumière au pays des neiges* (Pocket, 2003).

Raphaël Picon est professeur de théologie à la Faculté libre de théologie protestante de Paris. Il a récemment publié *Tous théologiens* et *Le Christ à la croisée des religions* (van Dieren éditeur, 2001 et 2003).

INTRODUCTION

Que faut-il faire pour être sauvé ? La question paraît incongrue. Qui recherche encore le salut ? Chercher un sens à sa vie – attitude répandue – équivaut-il à chercher un salut ? Le salut est-il de ce monde ou vaut-il seulement au-delà de la mort ?

Telle est l'interrogation centrale de cet ouvrage qui croise les points de vue de deux théologiens chrétiens, Alain Houziaux et Raphaël Picon, et de deux philosophes, l'un juif, Gérard Israël, et l'autre bouddhiste, Fabrice Midal.

Le salut est inhérent à toutes les religions, constate d'abord Alain Houziaux. Pour les unes, il consiste à accéder à la connaissance, au monde des esprits, et à se détacher du corps ; pour les autres à respecter les commandements de la loi et à faire œuvre de justice ; pour d'autres encore à accepter ce salut comme un don de Dieu, une grâce, le don de l'existence…

Le salut serait-il la conséquence mécanique d'une appartenance au judaïsme, au peuple élu ou encore à une Église ? interroge Gérard Israël. Une sorte d'assurance-vie garantie, en somme, par une appartenance confessionnelle. On connaît l'adage : « Hors de l'Église, point de salut » qui eut cours pendant près de vingt siècles dans le catholicisme… Dans le judaïsme, ce salut est d'abord promis à un peuple, à ceux qui respectent la loi de Dieu et aux justes des nations. Mais de quoi serons-nous sauvés ? du péché originel, du mal, de la mort ? De quoi serons-nous délivrés ? À l'opposé de la culpabilisation qui fait reposer le mal sur la femme, Gérard Israël soutient que l'une des voies du salut se trouve dans la relation de l'homme et de la femme, union charnelle qui permet de progresser dans la voie de la connaissance de Dieu.

Encore faut-il, selon Fabrice Midal, ne pas confondre salut et bien-être, la recherche effrénée du confort et le dépassement de soi. Tordant le cou aux idées reçues, il distingue « ceux qui font leurs courses à la recherche de produits spirituels » adéquats et ceux qui, en toute situation, font passer les autres avant eux-mêmes.

Serait-ce alors la voie à suivre ? À cette question, le bouddhisme n'apporte pas de réponse toute faite, il incite à regarder en face la souffrance en chacun de nous, à y repérer la sagesse, sans jamais vouloir la posséder : « L'ego ne sera jamais sauvé mais le non-moi le sera. »

La voie du salut se trouverait-elle alors dans la démaîtrise ? Raphaël Picon traduit ce principe de façon radicale. Pour être sauvé, il ne faut rien faire… Car le salut est donné par l'excès d'amour de Dieu. Avoir cette confiance chevillée au corps est profondément libératoire. Elle permet de ne plus focaliser l'attention sur son propre devenir pour entrer dans une autre logique de vie : non pas rester les bras croisés devant le Christ en croix, les yeux rivés au Ciel, mais revenir sur terre pour advenir à soi, en s'ouvrant à un autre que soi.

LE SALUT, LA SAGESSE ET LA CHANCE

par Alain Houziaux

Que faut-il faire pour être sauvé ? La question risque de nous paraître bien étrange, et peut-être même complètement inutile. « Être sauvé » n'a plus beaucoup de sens aujourd'hui. Du moins à première vue. L'angoisse de l'enfer ne nous hante plus, en tout cas pas consciemment.

Mais, aujourd'hui, le monde occidental a une hantise qui est très proche de celle du salut. C'est celle du sens. Aujourd'hui, le salut, c'est donner un sens à sa vie, trouver un sens pour sa vie. Et dans ce contexte, la question posée reprend toute sa force interrogative et même obsédante. Que faut-il faire pour que notre vie ait un sens ?

Mais ne nous facilitons pas la tâche en actualisant trop vite le sens de « être sauvé ». Et essayons de retrouver la signification première de cette expression.

« Être sauvé », qu'est-ce que cela veut dire ?

Donnons quelques exemples pour comprendre ce que signifie « être sauvé ». Vous êtes perdu dans une forêt, vous errez depuis trois heures, et tout d'un coup, vous rencontrez un garde forestier. Vous vous écriez : « Je suis sauvé ! » Autre exemple : votre père est atteint d'une maladie pour laquelle on n'a trouvé aucun médicament. Et un beau matin, vous apprenez par le journal que l'on a fini par mettre au point un traitement. Vous vous écriez : « Il est sauvé ! »

Mais la notion de salut est beaucoup plus complexe que ne le laissent supposer ces deux exemples. De fait, elle peut être comprise selon des modes très différents et même contradictoires.

Le salut peut être la délivrance d'un mal (la maladie, la mort, l'esclavage, le péché, l'erreur…) mais aussi l'octroi d'un bien et d'une grâce (la santé, le bonheur, la paix, la vie éternelle…).

Il peut intervenir dans cette vie-ci, mais peut aussi être une promesse qui ne prendra effet qu'après la mort, ou même à la fin des temps.

Il peut être individuel, mais également collectif, et concerner un peuple en entier. Ainsi, pour le peuple d'Israël, le salut, c'était d'abord revenir d'exil et retrouver la Terre promise.

Il peut revêtir une connotation uniquement spirituelle (l'accès au nirvana par exemple), ou se manifester sur le plan politique (par exemple, pour Israël, la réinstauration de la monarchie davidique).

Il peut être sélectif et concerner les seuls élus, mais aussi être considéré comme universel, voire même cosmique.

Enfin et surtout, le salut peut être l'œuvre exclusive de la puissance de Dieu, mais encore être acquis, du moins pour une part, par l'homme lui-même, par ses mérites et par son ascèse.

Le salut, le sauveur et le Messie

Afin d'y voir plus clair, voyons comment la notion de salut a pu évoluer depuis l'animisme des premiers âges de l'humanité jusqu'au christianisme, en passant par le judaïsme.

L'idée de salut est apparue indépendamment de la croyance en Dieu. Aux origines de l'humanité (avant l'apparition de la foi en un

Dieu unique), le « salut », c'est l'eau, la pluie, les récoltes et les moissons qui donnent la nourriture, c'est la médecine qui guérit, l'inspiration qui remet sur le bon chemin, etc. Et, dès le début, ce « salut » est reçu comme une grâce offerte. Il n'est pas acquis par les efforts de l'homme. Ainsi l'idée de salut par grâce, revendiquée avec force par les Réformateurs protestants, fait-elle partie des racines les plus anciennes de la religion.

Très vite, le salut est associé à un sauveur, ayant souvent figure humaine[1]. Ce « sauveur » est considéré comme un « fils du dieu » plutôt que comme un « dieu ». Sa naissance est souvent miraculeuse. Et quelquefois, c'est sa mort qui apporte le salut (cf. Osiris)[2], même s'il est ensuite relevé de la mort.

Le « sauveur » apporte la guérison aux malades (Asclepios, Apollon), l'espérance aux vivants et la consolation aux morts (Héraclès). Il est le vengeur des humiliés. Il accomplit des miracles (Dionysos) et lutte contre les puissances maléfiques (Apollon). Bien plus, ce

1. Ce sauveur, c'est le « père » ou la « mère » du grain (Demeter), de l'arbre (Dionysos), de la végétation (Osiris).

2. Ainsi, la parole évangélique : « Si le grain de blé meurt, il porte beaucoup de fruits » (Jean 12, 24) a une portée universelle (cf. Osiris).

« fils de dieu » peut sauver les hommes du « dieu » lui-même. Il peut les protéger de sa colère.

Dans l'ancien Israël, le salut a d'abord un sens tout à fait concret. Au départ, il n'est pas de nature religieuse. Le « sauveur » est la personne qui remet sa dette à celui qui lui doit de l'argent[3], c'est le mécène qui « rachète » un esclave et lui donne ainsi sa liberté ; c'est celui qui « venge[4] » l'honneur d'un défunt mort sans descendance, par exemple en épousant sa veuve et en lui donnant ainsi par procuration des enfants qui portent son nom[5]. Et le judaïsme définit la fonction du Messie à partir de ces « modèles » : le Messie apportera le salut en faisant justice aux petits et aux humbles et en expiant les fautes (c'est-à-dire les dettes) des hommes vis-à-vis de Dieu.

3. C'est cette remise de dette qui avait été institutionnalisée dans l'ancien Israël sous la forme du jubilée.

4. Le « goël », c'est à la fois le vengeur et le défenseur.

5. Le « vengeur » soldait ainsi la dette du défunt vis-à-vis du Créateur, puisqu'un homme devait engendrer un enfant pour « racheter » le fait qu'il avait lui-même reçu la vie. Cf. Shmuel Trigano, « *Gueoula, délivrance, salut et rédemption* », Revue *Pardes*, *In Press*, 1998.

Tout ceci ne répond pas à la question : « Que faut-il faire pour être sauvé ? » En effet, le salut se manifeste comme un don gratuit octroyé par Dieu ou par son représentant. À la limite, il apparaît plus comme un pardon pour les fautes des hommes que comme une récompense pour leurs vertus ou pour leurs actions. Mais il faut bien reconnaître que cette conception du « salut par grâce » n'a jamais été totalement intégrée dans la mentalité religieuse, et ce même dans le judaïsme et le christianisme, et à plus forte raison dans les autres religions.

Il y a une juxtaposition entre deux conceptions du salut. D'une part, il est ressenti comme une sorte de chance inespérée, comme un « don du ciel » ; d'autre part, l'homme a le sentiment et l'espoir qu'il peut « acheter » son salut (et la prospérité ou la délivrance qu'il apporte) grâce à un comportement vertueux. De fait, nous concevons spontanément le salut comme une récompense pour une conduite vertueuse et ascétique. Souvent même, c'est la conduite elle-même qui *est* le salut, car elle produit d'elle-même la délivrance et la béatitude.

Ainsi, même lorsque les religions, et en particulier les monothéismes, professent que c'est Dieu qui sauve par sa puissance et sa miséricorde, tout se passe comme si cette affirmation était uniquement « de principe ». En fait, c'est souvent l'homme qui doit par lui-même tenter de se « diviniser », et ce sans le concours des dieux. Bien au contraire, ceux-ci sont quelquefois jaloux[6]. Les pratiques religieuses ascétiques et méritoires seraient-elles donc, paradoxalement, une manière de palier l'absence, l'impuissance ou même la mauvaise volonté des dieux ? Grande question !

Peut-on se sauver par soi-même ?

Ainsi, même si l'idée du « salut par grâce seule » est très ancienne, la plupart des religions considèrent que c'est l'homme lui-même qui doit être l'artisan de son propre salut. Elles proposent une sagesse et des règles de vie permettant à l'homme de se délivrer d'une existence malheureuse.

Qu'en est-il en Inde ? Pour l'hindouisme, et aussi pour le bouddhisme, il faut s'imprégner du divin par une adoration continuelle, par une participation vécue et constante au surnaturel, par des chants, des

6. Dans l'hindouisme, le pouvoir du sage inquiète les dieux. C'est pourquoi ils lui envoient des tentations.

danses et des offrandes[7]. Plutôt qu'au renoncement et au rejet du monde, l'hindou aspire à la divinisation et à la béatitude en se détachant du voile des apparences. Mais les formes de cette imprégnation du divin sont variées. Pour le védisme, les rites seuls conduisent à la délivrance, alors que dans l'hindouisme, la connaissance du divin, la dévotion et l'action désintéressée comptent beaucoup plus.

Selon le bouddhisme, pour être sauvé, il faut perdre son ego. Le salut, c'est d'être sans désir[8]. Le bouddhisme distingue le « nirvana en ce monde » (qui s'obtient par le détachement de tous les plaisirs du corps et par une ascèse rigoureuse[9]) du « nirvana hors de ce monde » qui intervient lorsque l'on est délivré des renaissances, ayant éteint tous les effets des vies antérieures. Mais ce dernier reste une espérance lointaine et quelque peu utopique. Ce qui importe surtout, c'est, dès cette vie-ci, de se mettre à distance de son

7. Cf. André Padoux, « Chemins indiens de délivrance », in *Encyclopédie des religions* (dir. Frédéric Lenoir et Ysé Tardan Masquelier), tome II, p. 1770-1774.

8. « Je ne soupire pas après la mort, je ne soupire pas après la vie... J'attends que l'heure vienne » (*Milindapanha*).

9. C'est la voie de l'« octuple chemin » tracée par le Bouddha.

existence temporelle. Le salut, c'est le détachement.

Qu'en est-il en Chine ? Pour le confucianisme, le salut, c'est l'insertion dans l'Harmonie cosmique. C'est ce qui assure la paix de l'esprit. Par le respect des rites, par le contrôle de ses propres passions et par le service de la communauté, l'individu peut s'insérer dans cette harmonie du Tout. Il importe aussi qu'il se concilie les ancêtres par le respect des rituels funéraires. En fait, pour être sauvé, il suffit de veiller à laisser agir la nature, puisque le tréfonds de la nature humaine est identifié au Principe universel et ultime animant toute chose.

Au contraire, pour le taoïsme, le salut, c'est gagner un paradis céleste qui est hors du monde. Et pour cela, chacun doit, par la méditation et l'extase, laisser entrer en lui les forces divines cosmiques et se mettre ainsi en communication avec le ciel. Le saint oublie son corps. Sa personne disparaît dans la sérénité. Il acquiert le sens de l'unité fondamentale du monde (le « dao »). Il est à la limite de l'existence et de l'inexistence, de la vie et de la mort, de la terre et du ciel. S'il a bien « mérité », il jouira de l'immortalité et ira au paradis. Il bénéficiera soit d'une « immortalité terrestre » dans un corps sublime doué de pouvoirs surnaturels, soit d'une « immortalité céleste » qui lui permettra de jouir d'un corps immortel, purement spirituel, et de s'envoler au ciel au jour de sa mort [10].

On retrouve dans l'orphisme (l'un des courants de la pensée grecque) une conception comparable. Dans chaque homme, il y a une parcelle précieuse ; mais celle-ci est enfouie dans une masse perverse héritée des Titans. Et le salut permet de libérer cette précieuse parcelle, ce qui ne s'obtient que par une suite de douloureuses réincarnations. Le salut réalise, par l'ascèse, le détachement de l'âme par rapport au corps afin que celle-ci échappe aux réincarnations.

Le stoïcisme et le néoplatonisme proposent une voie apparemment un peu différente. Pour eux, le salut s'obtient par la connaissance, parce que celle-ci permet de se délivrer des illusions des apparences, de l'imagination et des passions. Mais l'accès à cette connaissance s'effectue aussi par une forme d'ascèse.

Le salut dans les religions monothéistes

Pour le judaïsme, c'est Dieu qui est l'auteur du salut, éventuellement par l'entremise du Messie. C'est là une originalité. Ce

10. Cf. Isabelle Robinet, « Le salut chinois », in *Encyclopédie*..., *op. cit.*, p. 1782-1787.

qu'il faut aussi noter, c'est que le salut a d'abord une signification politique. Il se joue d'abord dans ce monde et non dans l'au-delà. Le salut, c'est le droit fait aux petits, aux opprimés, à ceux qui ont échoué dans ce monde à cause de leur vertu. Le salut n'est donc pas à proprement parler une récompense pour la vertu. Il est plutôt une compensation et une réparation pour ceux qui ont été injustement défavorisés dans ce monde.

L'espérance du salut, c'est donc l'espérance qu'un jour, « justice sera faite », que ce soit sur cette terre ou (pour le judaïsme tardif) dans l'au-delà. C'est l'espérance d'un renversement, le jour du Jugement dernier [11], par rapport aux injustices de ce monde. Le Magnificat de Marie, la mère de Jésus, résume parfaitement ce que le judaïsme attend du Messie-Sauveur. « Il a renversé les puissants de leur trône, il a élevé les humbles » (Luc 1, 52).

Et le salut, c'est aussi, dès le Ve siècle avant notre ère, la fin de l'exil, le retour vers la Terre promise et la restauration du peuple de Dieu autour de son Temple, lieu de la présence de Dieu. Ultérieurement, et en

11. Plus précisément, il s'agit du jour de Yavhé ; c'est le jour où le petit peuple des Juifs sera vengé de l'oppression que lui ont fait subir les « nations étrangères et païennes ».

particulier pour la Kabbale (XVe siècle après Jésus-Christ), ce schéma « exil-restauration » est étendu à l'ensemble de l'univers. C'est la création en son entier qui est considérée comme en exil, car les étincelles de la Lumière originelle de Dieu sont en exil dans la matière. Et la rédemption adviendra lorsque l'unité du ciel et de la terre sera réinstaurée, mettant fin au conflit entre le bien et le mal [12].

Mais ces conceptions cosmiques du salut ont peu de place dans la piété populaire du judaïsme. Ce qui prévaut pour elle, c'est l'idée d'un Dieu qui, en tant que juge suprême, fera pour chacun une comptabilité des actes vertueux et des manquements à la Loi de Moïse. Et pour être sauvé, il faut que, sur la balance de Dieu [13], les mérites l'emportent sur les transgressions. Celui qui est sauvé, c'est celui qui est jugé juste par Dieu, à cause de ses mérites.

12. Shmuel Trigano, « La rédemption dans le judaïsme », in *Encyclopédie…*, *op. cit.*, p. 1793 et suivantes.

13. Cf. Job 31, 6-7. Cette image de la balance se trouvait déjà dans l'Égypte ancienne (Osiris pesait les âmes des morts). On la retrouve aussi dans le christianisme (cf. Apocalypse 6, 5 ; traditionnellement, on considère que la balance est tenue par saint Michel, l'archange du jugement) et dans le Coran.

Le christianisme inclut en son sein des courants de pensée fort divers et même opposés. Tantôt le salut est accordé par un Dieu tout-puissant, tantôt il est de la responsabilité de l'homme qui doit le conquérir par son comportement vertueux. De fait, le christianisme a quelque difficulté à concilier le fait que Dieu soit tout-puissant et le fait que l'homme soit libre, et en particulier libre de lui désobéir et de rejeter le salut qui lui est offert. Mais le christianisme a une spécificité qui lui permet de dépasser cette antinomie. Pour lui, le salut n'est pas d'abord une réalité à laquelle on peut parvenir et dont on peut faire l'expérience. Il est d'abord une proclamation à laquelle il faut croire « sur parole ». Le salut est déjà présent par le simple fait qu'il est annoncé et proclamé. C'est là la « bonne nouvelle ». « Vous êtes sauvés par grâce » signifie : « Rien ne peut vous séparer de l'amour de Dieu. » Vous êtes pardonnés même si, objectivement, vous êtes impardonnables. Votre vie a une justification et une légitimité, même si, objectivement, elle n'en a pas. Et ceci est vrai par le simple fait que Dieu l'a décrété.

Ainsi, dans les faits, le salut qui est annoncé ne change rien à l'existence de celui qui est « sauvé ». Il n'est ni une guérison, ni un bonheur, ni une résurrection. Il est la proclamation d'une réconciliation avec Dieu (Épître aux Colossiens 1, 20-22). Il est la reconnaissance d'un droit de cité devant Dieu [14].

Le Nouveau Testament ne dit pas explicitement à qui est destiné ce salut, ni comment il s'articule avec le jugement dernier. On peut supposer que c'est le Christ qui, au nom de Dieu, exerce ce jugement [15], et qu'il prend lui-même la place de ceux qui devraient être condamnés. C'est ainsi qu'il les sauve. Il est à la fois le juge, le condamné, et par là même, le rédempteur des pécheurs.

Mais revenons à notre question : que faut-il faire pour être sauvé ? Selon Jésus et saint Paul, c'est la foi qui sauve [16]. Mais, quand saint Paul dit que l'on est « sauvé par la foi », cela ne signifie pas que la foi soit le moyen d'acquérir le salut. C'est bien la grâce qui sauve. La foi, c'est la confiance en ce que proclame l'Évangile (la « bonne nouvelle » du

14. On peut comparer l'annonce de cette grâce à la délivrance, faite à un étranger, d'un acte de nationalisation ou d'une carte de séjour.

15. Le Credo le rappelle : « Le Christ reviendra du ciel pour juger les vivants et les morts » ; cf. notre étude de cet article de foi dans *Les grandes énigmes du Credo*, DDB, 2003.

16. Cf. Jésus (« Ta foi t'a sauvé », Marc 5, 34, etc.) et Paul (« Si tu crois dans ton cœur, tu seras sauvé », Romains 10, 9).

salut par la grâce), et non pas la foi en la puissance de sa propre foi.

En fait, l'expression « être sauvé par la foi » ne s'oppose pas à « être sauvé par la grâce ». Elle s'oppose à deux idées du judaïsme de l'époque.

Selon la première, on était sauvé par l'obéissance à la Loi. Ce sont les bons points acquis par l'obéissance à la Loi qui rachètent des mauvais points suscités par les manquements. Pour Paul en revanche, l'assurance que le fidèle a de son salut lui vient de la confiance (de la foi) qu'il a dans la grâce de Dieu – qui le tient pour juste même s'il est pécheur.

En second lieu, pour le judaïsme de l'époque de Paul, on ne peut être sauvé que si l'on est juif. En revanche, Paul, en proclamant que l'on est sauvé par la foi, ouvre la possibilité du salut à ceux qui, quoique non juifs, ont cependant foi dans le Christ sauveur. Sous sa plume, l'expression « être sauvé par la foi » est donc une manière de s'opposer aux judéo-chrétiens (le courant de l'Église primitive conduit par Pierre) qui considéraient que les païens qui croyaient en Christ devaient d'abord se convertir au judaïsme avant de pouvoir bénéficier du salut.

Ainsi, lorsque Paul dit que l'on est sauvé par la foi, il veut dire que l'on est sauvé par la grâce du Christ, et non par l'obéissance à la loi, ou par le fait d'être juif.

Mais une question se pose : jusqu'où va la grâce de Dieu ? Les non-croyants et les pécheurs peuvent-ils être sauvés ? À cette question, l'un des articles du Credo répond affirmativement. C'est celui qui est relatif à la descente de Jésus aux enfers. En descendant aux enfers, Jésus-Christ est venu délivrer les défunts (païens et pécheurs impénitents) qui y étaient emprisonnés et qui étaient exclus du salut. Les versets bibliques évoquant cette descente de Jésus aux enfers (1 Pierre 3, 20 en particulier) montrent bien que le Christ est venu sauver et délivrer tous les pécheurs. Mais l'immense audace de cette proclamation du salut universel a souvent été oblitérée tant par le catholicisme (rappelant que « hors de l'Église, il n'y a pas de salut ») que par le protestantisme (avec, chez Calvin, la doctrine de la prédestination). Ainsi, le christianisme est resté très prudent dans l'évocation des conséquences, pour le salut des pécheurs et des impies, de l'affirmation : « Dieu est grâce. »

L'islam, quant à lui, radicalise une contradiction qui, de manière sous-jacente, est présente dans tous les monothéismes :

celle inhérente au fait de confesser à la fois et conjointement la toute-puissance de Dieu et la liberté de l'homme – l'homme qui peut alors, par ses actions, influer sur son salut. Il confesse simultanément et contradictoirement le salut par la seule décision de Dieu, et le salut par les œuvres de l'homme.

D'une part, l'islam professe, au nom de la toute-puissance de Dieu, une théorie de la prédestination qui peut paraître tout à fait déconcertante (même si, en fait, le fatalisme absolu qu'elle professe répond aux aspirations de la piété populaire). Le salut ou la perdition relève de Dieu et de Dieu seul. L'homme n'y coopère en rien. Il ne peut en rien faire changer le cours de la décision de Dieu et de la prédestination. La liberté de l'homme est totalement niée. D'ailleurs, les actions des hommes, qu'elles soient bonnes ou mauvaises, sont elles-mêmes décidées de toute éternité par Dieu seul et ne relèvent en rien de leur liberté et de leur initiative propre. On peut même, dès avant sa naissance, être prédestiné à être un infâme pécheur et être néanmoins prédestiné au paradis.

Mais, d'autre part, l'islam enseigne couramment que pour pouvoir accéder au paradis et éviter l'enfer, il faut se comporter ici-bas de manière vertueuse. Et dans ce sens, il a élaboré un code qui prend sa source dans la Miséricorde divine et qui promet la récompense divine du paradis à ceux qui s'assujettiront à ses commandements [17].

On peut bien sûr s'étonner de cette juxtaposition de deux conceptions opposées du salut, l'une fondée sur la prédestination toute-puissante de Dieu, l'autre sur la liberté et la vertu de l'homme. Mais cette contradiction existe tout autant, de manière certes moins ouverte, tant dans le judaïsme que dans le christianisme.

La sagesse et la grâce

Que conclure de tout ceci ? D'abord que l'espérance du salut est fondamentale dans toutes les religions. Ce qui fait naître les religions, ce n'est pas d'abord la reconnaissance de l'existence des dieux, mais le désir d'être sauvé.

Mais, revenons à notre toute première question. Que signifie « être sauvé » ? Nous avons déjà souligné l'ambiguïté de cette expression. Notre tour d'horizon des différentes traditions religieuses nous permet-il maintenant d'y voir un peu plus clair ?

17. J.-C. Vadet, « L'éthique musulmane entre prédestination et obligations légales », art. cit., p. 1835-1843.

Dans la civilisation grecque mais aussi dans le monde asiatique, le salut serait proche de l'idée de bonheur, de plénitude et même de prospérité. Le verbe grec *sôzô* (à l'origine de *sôteria*, salut) renvoie à une racine qui signifie « s'enfler, grossir ». Le salut évoque donc plus l'accomplissement de soi que la délivrance du malheur.

En revanche, pour la tradition judéo-chrétienne, la notion de salut se détache sur un arrière-fond tragique. Être sauvé, c'est être sauvé de la maladie, du malheur, de la mort et aussi du désespoir, de l'absurde… En fait, la notion la plus proche de celle du salut, c'est alors celle de délivrance, ou de préservation. Être sauvé, c'est être délivré d'une maladie, ou préservé d'une épidémie. « Être sauvé », c'est pouvoir rester « intact », « entier », « complet ». C'est d'ailleurs là la signification de la racine indo-européenne du latin *salus*. Le salut est considéré comme une forme de miracle. Comme le dit le psalmiste, « dix mille sont tombés auprès de moi et moi j'ai été préservé » (Psaume 91, 7).

Et ces deux conceptions différentes du salut, comme plénitude et bonheur, ou comme délivrance d'un malheur, impliquent deux manières différentes de répondre à la question : comment est-on sauvé ?

Le monde des religions asiatiques et de l'orphisme grec dira que ce qui nous permet d'atteindre un certain bonheur, ou même le nirvana, c'est une forme de sagesse, une règle de vie, ou mieux, une forme de détachement. Le sage se détache des illusions, des passions et des fantasmes de l'imagination. Ainsi, pour les mondes asiatique et grec, le salut n'est ni une grâce, ni un don des dieux ; il n'est pas non plus l'objet d'une espérance ou la récompense d'une vertu ; il est tout entier dans une attitude de l'esprit qui est d'abord celle du détachement et de l'indifférence. Et cette attitude porte ses fruits par le simple fait de sa mise en œuvre.

Dans l'univers des monothéismes, la réponse à la question « que faut-il faire pour être sauvé ? » est beaucoup plus difficile et contradictoire, nous l'avons dit. Certes, c'est Dieu qui sauve, mais l'homme coopère-t-il à son propre salut ? A-t-il même la capacité d'y coopérer ? Au fond, tout dépend du crédit que l'on accorde à l'homme et à sa capacité de faire quelque chose de bien, de vertueux et de méritoire.

Les Réformateurs étaient très pessimistes à ce sujet, et professaient que le salut était entre les mains de Dieu seul. En revanche, le catholicisme, parce qu'il considère que la nature humaine est moins profondément viciée, a été plus enclin à considérer que l'homme pourrait concourir à son salut. Dans la tradition des Églises orthodoxes d'Orient, le problème ne se pose pas de la même manière parce que l'énergie divine n'est pas radicalement distinguée de la force spirituelle que l'homme a en lui-même. Le salut est dans la divinisation de l'homme.

Ainsi, nous pouvons remarquer que la question « le salut est-il l'œuvre de Dieu ou celle de l'homme ? » se pose surtout dans le cadre des monothéismes, qui différencient clairement Dieu de l'homme. Mais, pour les religions animistes et asiatiques, et aussi dans le christianisme oriental, il y a une forme de synergie entre le divin et les hommes. Et l'homme est sauvé en ne faisant pas obstacle à ce qu'il y a de divin en lui.

Il peut paraître bien présomptueux que nous mettions notre grain de sel dans ce débat multiséculaire. Faisons-le pourtant par une sorte de parabole. Pour les Anciens, la chance, qui n'est peut-être que l'une des formes du salut, avait figure humaine et était chevelue par-devant et chauve par-derrière. Quand elle arrivait en courant vers l'homme, à l'improviste, il fallait, sans tergiverser, qu'il la saisisse par les cheveux. S'il hésitait, inutile pour lui de courir à sa poursuite et de tenter de la rattraper par les cheveux ! Ainsi, le salut est une chance qui est offerte. Mais encore faut-il s'en saisir.

Être sauvés ?

par Gérard Israël

Vers le début du IIIe siècle, les rabbis du Talmud, repliés à Babylone depuis que Jérusalem avait été détruite et la nation juive dispersée, s'étaient engagés dans une entreprise tendant à codifier la religion de Moïse pour qu'elle soit en adéquation avec la nouvelle situation du peuple d'Israël, désormais dépourvu de patrie.

Au même moment, les Pères de l'Église s'efforçaient de donner à la religion de Jésus une dimension différente de celle qu'elle revêtait pour le peuple d'Israël. L'essentiel était, pour les chrétiens, que Jésus, sur la croix, avait souffert pour que l'humanité fût sauvée.

Les savants juifs, et les théologiens chrétiens, étaient, les uns comme les autres, portés par l'idée que les deux religions, c'est-à-dire les deux modes de pensée religieuse, divergeaient sensiblement et qu'il n'était point nécessaire de souligner exagérément le fonds commun de leur inspiration commune.

Parallèlement pourtant, juifs et chrétiens, désormais séparés, restaient soucieux de définir les voies qui pourraient permettre à l'humanité d'assurer son salut, c'est-à-dire, en un sens, d'échapper à la mort et d'accéder à la félicité éternelle.

Le salut dans le judaïsme et le christianisme primitif

Les anciens Hébreux et les premiers chrétiens étaient certains de connaître les voies de la rédemption. Ils se fondaient sur la pratique et les vérités que chaque religion imposait séparément. Les uns et les autres pensaient pouvoir négliger, voire rejeter, l'autre religion jugée inapte à caractériser le mystérieux passage de la vie à la mort dans la perspective d'une résurrection.

Il s'agissait certes pour les deux religions du même projet. Mais, dès le départ, les formulations étaient fort différentes. Pour le judaïsme rabbinnique, il fallait répondre à la question de savoir qui avait droit au monde futur et à quelles conditions. Pour le christianisme des origines, il s'agissait déjà, bien avant l'intervention de saint Augustin, de permettre à l'humanité d'échapper aux conséquences du péché originel auquel saint Paul, dans l'épître aux Romains, se référait précisément par une sentence commençant par ces mots : « Comme la faute d'un seul (Adam) a entraîné une condamnation (générale)… »

Évidemment, dans les deux religions, les péchés commis individuellement seront pris en considération par Dieu au moment du jugement dernier ; mais la vraie finalité religieuse du christianisme, à cet égard, consiste à rétablir l'homme dans sa condition d'avant la chute, d'avant le péché d'Adam et Ève. Pour atteindre cet objectif, il fallait, théologiquement parlant, que l'homme échappe aux conséquences ontologiques du péché originel.

Pour sa part, la tradition judaïque se contente d'énoncer l'idée selon laquelle les Justes ont droit au monde futur, ce qui signifie qu'ils peuvent espérer accéder à la vie éternelle, sans toutefois savoir quelle serait la nature exacte du monde futur dont il est question. Les Justes, pour la tradition judaïque, sont ceux qui respectent les commandements divins contenus dans la Torah. Cependant, la catégorie des Justes ne se limite pas au peuple d'Israël.

Les Justes existent également parmi les nations. Les Justes de toutes les nations ont droit au monde futur, comme les justes d'Israël. *Les pirké Avot*, un texte sapientiel rédigé au cours d'une période enjambant la naissance du christianisme, commence par ces mots : « Tout Israël a droit au monde futur, de même que les justes de toutes les nations. »

Évidemment, la question s'est posée de savoir s'il fallait bien comprendre que la totalité des Israélites aurait droit au monde futur et que seulement les Justes des autres nations pourraient bénéficier du même privilège. La réponse est contenue dans un texte du Talmud qui précise que ceux d'Israël affirmant que « la croyance en la résurrection des morts n'a pas son fondement dans la Torah ou que la Torah n'est pas d'origine céleste », ceux-là n'ont pas droit au monde futur. Quant aux Justes des autres nations, ce sont ceux qui respectent les lois de Noé constitutives du fondement même de la morale de l'humanité.

Il serait donc erroné de dire que la tradition judaïque établit un principe religieux qui serait : « Hors Israël, point de monde futur. »

La position de l'Église est plus tranchée. Tout a peut-être commencé par une phrase de l'évangile de Marc qui prête à Jésus, au lendemain de sa résurrection, et après qu'il eut demandé aux apôtres d'aller convertir toutes les nations de la terre, cette assertion définitive : « Celui qui croira et sera baptisé sera sauvé, celui qui ne croira pas sera condamné. » Assurer son salut consiste donc à croire, c'est-à-dire à accepter la révélation et à accepter le baptême comme la conséquence pratique de la croyance. De plus, pour ceux qui opposeront un refus à un tel commandement, la condamnation, c'est-à-dire la fermeture de l'accès au monde futur, en sera la juste sanction.

Pendant au moins un millénaire et demi, la tradition chrétienne, tirant la conséquence de ce principe, a dispensé un enseignement fondamental qui tient en une phrase : « Hors l'Église, point de salut. » Clément d'Alexandrie, un Père de l'Église, au début du IIIe siècle, pour répondre aux questions de ses disciples sur le sort des païens, des juifs et des frères séparés, confirmait le premier ce principe.

La meilleure façon d'être sauvé consiste donc à rejoindre les croyances de l'Église.

L'origine du mal

Pour obtenir son salut, selon la tradition d'Israël, il conviendrait de suivre la volonté divine, volonté divine clairement exprimée par le don de la Torah à Moïse et au peuple hébreu au mont Sinaï (Moïse restant le seul personnage biblique à avoir vu Dieu *face à face*). Le Deutéronome confirme : « Je mets devant toi le Bien et le Mal, choisis le Bien afin que tu vives toi et tes descendants. » Il s'agit non seulement d'une promesse de vie, mais d'une promesse de vie éternelle.

C'est-à-dire d'une promesse de victoire sur la mort, c'est-à-dire d'une résurrection, et d'une ouverture à l'éternité.

Hélas, il ne suffit pas de faire le Bien défini par la Loi, de fuir le mal précisément caractérisé, pour vaincre la mort. Moïse est mort, Jésus a connu la mort, Mahomet est mort et Job, homme archétypiquement intègre, a connu mille morts.

C'est sur ce paradoxe que s'est fondée la doctrine chrétienne tendant à justifier la grâce, « la grâce sanctifiante », concept sur lequel saint Augustin a fondé son enseignement.

À la limite, le mérite de chacun, la morale, les bonnes actions, les sacrifices, seraient, dans cette perspective, de peu d'importance. Pour être sauvé, il faut qu'une intervention céleste exceptionnelle se produise. Il suffirait donc de rester dans l'expectative d'être sauvé.

Le péché commis à l'origine par Adam et Ève et qui aurait provoqué la chute de l'homme, sa damnation au motif d'une faute irréductible, au motif d'un défaut de nature, barre la route du mérite.

La vraie question ne serait-elle pas : comment être sauvé du péché originel ?

Pourtant, ni la Torah ni l'Évangile ne se réfèrent à un quelconque péché originel ou à une définitive chute de l'homme dont la conséquence aurait été la déchéance de son innocence initiale et de sa dignité de créature divine.

Consécutivement à cette prétendue chute de l'homme apparaîtrait donc le mal. Mais la question demeure : puisqu'il y a le mal, quelle est son origine ?

Le mal caractérisé par nos actes au quotidien trouve évidemment son origine en nous-mêmes ; il résulte de la liberté que Dieu a consentie à l'humanité. C'est le mal commis.

Mais le mal prétendument lié à notre défaut de nature, le péché originel, est subi. Entre un mal commis et un mal subi, il existe un point commun : tous deux conduisent à la mort.

Visiblement, le caractère inéluctable de la mort amène à considérer la fin inévitable de la vie comme une sanction imposée à tous, en conséquence des péchés de l'humanité.

Le salut n'efface pas le mal, il *sauve* de la mort. Tel serait en conséquence l'essentiel de la tradition chrétienne : l'homme, par sa nature même, produirait et le mal et la mort. Serait-il possible de caractériser ainsi le nœud gordien de la pensée chrétienne dans sa continuité ? Dès lors se poserait la question de savoir comment la religion en général peut éviter cette gigantesque contradiction qui l'a conduite à affecter l'homme, cette créature divine, d'une tare essentielle qui le pousserait à produire et le mal et la mort.

La sortie de la contradiction serait le salut.

L'homme peut être sauvé, doit être sauvé. Mais de quoi ? De la faute initiale ? Du mal qu'il produit ? De lui-même ? On ne le sait. Mais ce qui est certain, c'est que dans la perspective chrétienne, l'homme ne peut pas obtenir son salut par ses propres moyens. Il ne peut être sauvé que par une intervention providentielle.

Pour Pélage [1], en contradiction avec les thèses de saint Augustin, le péché d'Adam est un péché personnel : « L'homme dont la nature est entière peut arracher lui-même son salut et vaincre le Mal par sa volonté et son libre arbitre. » En affirmant que la nature de l'homme reste entière, Pélage rejette toute idée de chute de l'humanité au moment du péché d'Adam. Ainsi, la sortie du jardin

1. Pélage, moine irlandais, vécut au Ve siècle après J.-C. et développa une doctrine s'appuyant sur le libre-arbitre.

d'Éden n'aurait pas affecté la nature de l'homme qui consiste, même s'il doit nécessairement mourir, en une créature divine. De même, Pélage refuse la fatalité du mal : l'homme peut sortir vainqueur du combat qui l'oppose aux tentations maléfiques. Libre et volontaire, l'homme peut, par son intelligence et sa détermination, échapper à l'emprise du mal.

Cependant, le moine irlandais ne va pas ni jusqu'à conceptualiser la signification de l'augustinisme, ni jusqu'à se poser la question de savoir quel sens aurait la justice rétributive de Dieu. Comment croire en la justice et au mérite, si cette même justice condamne de toute façon l'homme en raison d'un mal dont il n'est pas vraiment responsable ?

Le judaïsme qui se réfère constamment à l'idée d'un Dieu juste pesant la vertu ou la méchanceté de chaque homme, établit que c'est avant tout le mérite qui conditionne le salut. Bien entendu, Dieu peut pardonner. L'homme peut attendre et espérer sa miséricorde. Mais la Torah est là pour constituer et imposer les principes de la conduite droite. Le Dieu de la Bible tient constamment le même discours : « Si vous obéissez à ma Loi, vous vivrez ; si vous ne faites pas ma volonté, vous mourrez. »

En passant de la conception judaïque d'un *Dieu juste* à l'idée chrétienne d'un *Dieu miséricordieux*, en insistant particulièrement sur la nécessaire intervention d'un sauveur sans laquelle l'homme serait condamné, bref, en fondant son credo sur le péché originel et la chute de l'homme, la tradition chrétienne a peut-être introduit une véritable dichotomie entre les deux démarches religieuses.

La culpabilité

La nécessité du salut, le caractère providentiel de la grâce, imposés par la religion, sont-ils à l'origine de l'extraordinaire sentiment de culpabilité qui habite la condition humaine ? Puisqu'il faut absolument être sauvés, c'est bien que nous sommes coupables !

Le résultat de cet état de fait est que les hommes, dans leur généralité, se sentent confusément coupables. Coupables de quoi ? D'un mal qu'ils n'ont peut-être pas commis mais qui réside subtilement en eux ?

Les hommes se sentent coupables, non de ne pas accomplir le bien, mais coupables tout court. On est coupable même si on ne fait pas le mal. On est coupable par nature, par essence, et même dès avant la naissance puisque le mal affecte la nature humaine elle-même.

La pulsion sexuelle est l'exacte expression de cette fatalité du mal. Nul ne pourrait s'empêcher de désirer la femme de son prochain, la femme de son meilleur ami.

Peut-on penser encore aujourd'hui qu'une malédiction pèse sur l'humanité en raison du péché de chair accompli par le premier homme et la première femme ? Pour autant, l'homme ne peut éviter de se sentir directement responsable de sa faiblesse. Il ne peut, selon la règle religieuse, invoquer un défaut de sa propre nature pour s'absoudre de son péché… en se réfugiant derrière la fatalité du mal. Le mal est dans la nature humaine. « L'humanité, selon saint Augustin, consiste en une multitude de damnés. »

Où commence le péché originel ? A-t-il d'abord été accompli au moment de la consommation du fruit défendu ou au moment de la désobéissance ? Ou bien alors, tout aurait-il commencé au moment où Adam a connu Ève ? Malgré les dénégations des théologiens, c'est évidemment sur le comportement sexuel que porte essentiellement la culpabilité.

Les relations sexuelles à la fois normales et légitimes relèvent-elles d'un défaut essentiel de la nature humaine ? Tous les individus ressentent souvent une incapacité à dominer un désir sexuel. Cette situation quelquefois angoissante, a fait que toute relation sexuelle apparaît comme forcément coupable.

Certes, la tradition chrétienne s'est efforcée de « désexualiser » le péché originel, préférant insister sur le caractère inaccompli de l'homme. Mais le résultat est là : dans leur désarroi d'être affectés d'un défaut de nature, les hommes se tournent vers leur impuissance à dominer la concupiscence pour finir par se sentir définitivement coupables.

Dans cette perspective religieuse, la femme apparaît, bien qu'elle donne la vie, comme le vecteur du mal et, par conséquent, du péché et de la mort. C'est pourquoi elle aurait été condamnée à enfanter dans la douleur et l'enfantement ne serait guère moins qu'un vecteur de transmission du péché.

Saint Paul, dans son enthousiasme, semble cultiver le paradoxe. Ses paroles peuvent être interprétées de la façon suivante : transmettre la vie, c'est transmettre le péché, et comme le péché, c'est la mort, transmettre la vie, c'est transmettre la mort ! La naissance ne serait qu'un passage par la voie de l'impureté et la conséquence de ce principe s'imposerait : la femme polarise le péché.

Dans un texte biblique, l'Ecclésiastique[2], reconnu par le canon catholique mais absent du canon hébraïque et du canon protestant, Ben Sira écrit : « C'est la femme qui a introduit le péché dans le monde. À cause d'elle, tous, nous mourrons… Il n'est de pire venin que le venin du serpent ; il n'y a pire haine que la haine d'une femme. »

Pour la tradition hébraïque, la « connaissance de la femme » est au contraire un acte de sainteté. Mais que signifie « connaître » sa femme au sens biblique ? L'importance de la question n'a pas échappé aux sages du Talmud. Selon la tradition d'Israël, le mot « connaître » doit être pris dans son sens premier et commun. Connaître, c'est acquérir une connaissance, c'est connaître intellectuellement. Trois fois par jour le fidèle remercie Dieu d'avoir ouvert les hommes à la connaissance. Ainsi, les rabbis n'hésitent pas à affirmer que connaître sa femme, c'est progresser sur la voie permettant de connaître Dieu.

La procréation a donc une signification religieuse éminemment positive ; en

2. L'Ecclésiastique a été rédigé en hébreu vers 180 avant J.-C. et regroupe les réflexions de Ben Sira.

procréant, l'homme imite Dieu dans l'acte essentiel qu'il a accompli : la création de l'homme, qui équivaut elle-même, selon la tradition juive, à la création du Ciel et de la Terre.

Loin de culpabiliser les hommes pour leur sexualité, le judaïsme procède à une sanctification de l'acte sexuel. Pour le Talmud, la présence divine, la *Chékhina*, est effective au moment de l'accouplement. Chaque rapport sexuel doit être considéré comme une tentative de mettre au monde le Messie. La tradition cabaliste va plus loin encore : au moment de la « fabrication » de l'être humain, Dieu, l'homme et la femme sont associés dans une commune entreprise. Ainsi s'expliquerait le pluriel dans le verset : « *Faisons* l'homme à notre image, à notre ressemblance. » C'est tous ensemble, Dieu, les anges réduits à leur fonction naturelle, l'homme et la femme qui concourent à faire que l'être créé puisse être constitué comme rappelant, par sa forme et dans son esprit, la nature divine elle-même. Ainsi, comme l'énonce un texte de la Cabale, l'homme ressemble à Dieu comme un fils ressemble à son père.

L'homme serait procréateur exactement comme Dieu est créateur. En participant par la procréation à l'œuvre de création du monde, du Ciel et de la Terre, l'homme accomplit la volonté divine et gagne peut-être son salut.

Nous sommes loin de la culpabilité, du tumulte sexuel, de la perversion, de la convoitise, de la diabolisation de la femme ! et de la psychanalyse…

Pourrait-on affirmer que, à la différence du christianisme, le judaïsme et l'islam ne connaissent pas le péché originel ? Les choses méritent d'être nuancées, au moins dans la perspective à laquelle nous nous sommes référés, pour la tradition juive : on ne saurait nier que le comportement pécheur de l'homme modifie la création, c'est-à-dire l'ordre divin. La création n'est pas définitivement accomplie. Elle peut être endommagée, voire détruite. Comment réparer le dommage inéluctablement commis par l'accomplissement du mal ?

Il importe en premier lieu que le pécheur se repente sincèrement. Le repentir libère l'homme de la faute qu'il a commise ; mais il faut que le repentir soit immédiat et que l'acte fautif ne soit plus reproduit. À ces conditions, le pardon divin peut intervenir, mais il faut surtout que le pardon des autres hommes soit effectif, Dieu ne pouvant se substituer à ceux qui ont souffert par la faute du pécheur, et par conséquent, dans ces conditions, accorder son pardon.

De plus, l'homme qui a péché doit tenter de réparer le désordre qu'il a crée non seulement parmi les hommes, mais au regard de la nature divine elle-même. Dieu entretient avec l'humanité un rapport d'intimité tel que ce qui affecte l'existence humaine affecte la divinité elle-même !

Le repentir et la réparation, à condition qu'ils soient sincères et excluent la récidive de la faute, permettent à tous, selon le judaïsme, d'espérer accéder au monde futur. Certes nous sommes, dans la perspective judaïque, assez éloignés de la conception chrétienne de la grâce, mais ce serait certainement nier l'éminence de la puissance divine que de croire que Dieu ne puisse intervenir inconditionnellement pour amener l'humanité, c'est-à-dire tous les hommes, à la vie éternelle.

Reste la mort. Puisque nous mourrons, c'est que nous sommes coupables ! La tradition juive ne connaît pas la mort comme expiation du mal, ni la souffrance comme étant rédemptrice. Certes, la mort est une catastrophe : elle est inévitable. Mais au fond de lui-même, l'homme sait de science certaine qu'il est éternel : « Nous sentons et nous savons d'expérience que nous sommes éternels », écrit Spinoza. Par la pensée, l'homme accède à l'éternité. Et l'éternité peut être donnée dans ce monde-ci. L'homme doit donc « persévérer dans l'être », « s'aimer soi-même » et « rechercher l'utile propre », pour reprendre la formule du philosophe d'Amsterdam.

Bien que, comme l'affirme le Talmud, la mort puisse être « aussi douce que le retrait d'un cheveu à la surface du lait », nous mourrons et le caractère arbitraire de la mort nous culpabilise. Les religions exercent pleinement leur fonction consolatrice lorsqu'elles offrent une solution à la nécessité de la mort et promettent la vie éternelle, le monde futur.

Le Sauveur

Notre difficulté à comprendre la nécessité du salut irait-elle jusqu'à concerner la personne même du Sauveur, ainsi que sa fonction au regard du destin de l'humanité ?

Le comble des paradoxes consisterait à accepter l'idée que tout se passe comme si ce n'était pas la fatalité du péché qui rendrait nécessaire la venue du Sauveur, mais au contraire la venue du Sauveur qui rendrait nécessaire la fatalité du péché. Puisque Dieu a envoyé un sauveur, c'est que l'humanité est fondamentalement pécheresse.

Pourtant, le catéchisme de l'Église catholique publié en 1992, tenant compte de cette tradition, énonce une idée allant involontairement dans le sens d'une priorité du Sauveur sur le Salut. On lit en effet dans ce document : « Le peuple de Dieu de l'Ancien Testament ne pouvait comprendre la chute narrée dans la Genèse. Seules la mort et la résurrection de Jésus l'expliquent. »

La tradition judaïque, pour sa part, se refuse en somme à voir dans le récit de la Genèse décrivant la faute du premier couple, l'illustration d'une chute, d'une damnation de l'homme.

Et Pélage, toujours lui, s'inscrit, *mutatis mutandis* dans cette même opinion lorsqu'il écrit : « Le Christ est venu sur terre pour montrer la voie aux hommes, non pour racheter la faute d'Adam. »

Il est frappant que la tradition chrétienne ait si longtemps maintenu l'idée du péché originel et la nécessité du salut pour justifier la venue de Jésus. Au Moyen Âge, on n'hésitait pas à « valoriser » le péché originel : *Felix culpa !* Heureuse faute qui nous a valu un tel sauveur ! Il n'y a pas de différences fondamentales entre la position de l'Église catholique au XXIe siècle, les thèses de saint Augustin au Ve siècle, et, comme nous l'avons rappelé, l'exclamation de Paul de Tarse dans l'Épître aux Romains : « Comme la faute d'un seul a entraîné sur tous les hommes une condamnation, de même l'œuvre de justice d'un seul procure à tous une justification qui donne la vie. »

La phrase de Paul pose évidemment un grave problème, notamment aux yeux des rabbis d'hier et d'aujourd'hui : qu'en a-t-il été du salut de l'humanité avant la venue de Jésus, avant sa mort et sa résurrection ? Abraham, Isaac, Jacob, Moïse et les prophètes seraient-ils voués à la damnation ?

Comme toujours lorsqu'il s'agit de mettre en relation l'essentiel du judaïsme et l'essentiel du christianisme, le fonds commun aux deux religions apparaît subrepticement.

À une femme qui lui demandait comment, elle qui avait été sept fois veuve, elle pourrait choisir dans l'au-delà, entre ses sept maris, Jésus répond que nous serons « comme des anges » et, par conséquent, que la résurrection ne se ferait pas à l'identique. Jésus fait là une réponse que les Pharisiens n'auraient pas reniée.

En réalité, comme on le voit, Jésus se présente comme le Messie eschatologique, le

Messie de la fin des temps, alors que les juifs de l'époque attendaient un Messie royal qui donnerait l'ordre révolutionnaire contre Rome. C'est, en tout cas, au premier degré qu'il conviendrait d'interpréter la parole de Jésus : « Mon royaume n'est pas de ce monde. »

Qu'attendent, de leur côté, les Justes d'Israël ? Quelle est leur espérance religieuse fondamentale ? Rien d'autre que leur entrée dans le monde futur. Chacun a droit au monde futur : tout Israël et les Sages de toutes les nations. Avoir droit ? Un droit dont chacun jouit mais dont l'exercice semble bien lointain. Cependant, l'important est de savoir qu'on y a droit.

Entre les juifs de son temps et Jésus, il n'y avait pas de divergences quant au monde futur. Mais la question du salut se posait très différemment pour les fidèles de la Loi. Ces derniers attendaient un messie qui « sauvegarderait » Israël, qui assurerait la sauvegarde du peuple, et non pas un envoyé divin qui les libérerait du péché originel.

En somme, la vraie question d'essence religieuse n'est pas de savoir ce qu'il convient de faire pour être sauvé, mais peut-être de savoir comment échapper à la nécessité du salut, comment se libérer du péché originel, comment croire à la perfection de l'homme tel qu'il a été créé.

*

Alain Houziaux

Comment le judaïsme appréhende-t-il la question du mal ? Ce dernier est-il représenté par un être qui le personnifie ? Par ailleurs, que dit le judaïsme de l'origine du mal ?

Gérard Israël

Dans le judaïsme, il n'y a pas d'être du mal. « Et Satan ? » me direz-vous. Satan n'est pas tapi dans un coin à attendre que vous fautiez ! Dans le judaïsme, Satan est un véritable avocat général. C'est un ange, tout simplement un ange, et non pas un ange déchu, mais il est chargé de porter l'accusation contre les hommes. La question récurrente qu'il pose sans cesse à Dieu, c'est : « Pourquoi as-tu créé cet être, l'homme, qui passe son temps à ne pas respecter ta volonté et à lutter contre toi ? » Mais Satan sait qu'il ne peut pas aller trop loin parce que Dieu a créé l'homme à son image et à sa ressemblance, et que l'homme est « un peu » de Dieu. Alors, Satan se retient.

Voici la réponse que, selon la tradition, Dieu aurait faite : « J'ai créé l'homme parce qu'il est chargé de louer mon nom sur la terre, alors que les anges le louent dans les cieux. »

Je suis moins à l'aise pour répondre à la deuxième partie de votre question sur l'origine du mal. Le mal est une action, un comportement. C'est quelque chose que l'on fait et qui contrevient à l'ordre divin. Par conséquent, il doit être combattu. Comment ? Faire le bien ne suffit pas, parce que le mal détériore quelque chose et nous avons un travail de réparation à accomplir.

Il y a donc dans le judaïsme comme une sorte d'impavidité par rapport au mal. Le mal ne pose pas de problème en ce sens qu'il est actuel, et où il résulte d'un acte et non pas d'une structure contraignante ontologiquement fondée.

Alain Houziaux

Je voudrais donner le point de vue de l'islam sur la question : « Pourquoi Dieu a-t-il créé l'homme ? » Dans le Coran, on retrouve le récit d'Adam et Ève. Et les anges disent à Dieu : « Pourquoi créer l'homme, car nous sommes suffisants pour chanter la gloire de Dieu. » Dieu ne tient pas compte de leur avis et crée l'homme à partir de la poussière, avant de demander aux anges de se prosterner devant lui. Les anges refusent, considérant qu'en tant qu'êtres parfaits ils n'ont pas à se prosterner devant l'homme, pêcheur voué à faire le mal.

Selon la tradition musulmane, Dieu aurait répondu : « C'est parce que l'homme souffre en lui-même de cette contradiction entre son penchant vers le bien et son penchant vers le mal que vous, les anges, qui n'avez aucune difficulté à faire le bien, devez vous agenouiller devant cet homme écartelé entre le bien et le mal. »

Raphaël Picon

Je suis toujours impressionné quand j'entends parler de « la tradition chrétienne », parce que je trouve admirable de pouvoir en parler de manière aussi synthétique et générale. J'en suis aussi perplexe, parce qu'il existe une telle diversité d'approches, un tel dialogue au sein même de cette tradition, que moi-même, en tant que théologien, j'ai beaucoup de mal à m'associer à un discours aussi englobant et généralisateur.

J'ai donc du mal à me reconnaître dans tout ce que vous avez pu dire, Gérard Israël, sur la notion de « péché originel » par exemple, ou sur les questions de « l'expiation » ou de la « rédemption ». Je sais que toutes ces notions ont une histoire dans la tradition chrétienne, mais je ne suis pas sûr que « la » tradition chrétienne, quand bien même on arriverait à la définir en soi, les reprenne totalement à son compte.

Pour vous, Gérard Israël, quel est le texte de la Torah qui illustre le mieux la notion de salut ? « Un Dieu qui nous sauve ? »

Gérard Israël

J'ai employé le mot « tradition chrétienne » au singulier comme une révérence au christianisme. Ce que l'on peut dire de mieux sur la pensée chrétienne, c'est qu'elle est traditionnelle, et s'est développée de génération en génération autour d'un certain nombre d'idées-force : Résurrection, Incarnation, Messianité, Trinité.

D'ailleurs, vous aurez remarqué que lorsque je parle du judaïsme, je dis aussi « tradition juive », et la tradition juive est aussi multipolaire et multidimensionnelle que la tradition chrétienne.

La réponse à la deuxième partie de votre question est simple : ***tout*** Israël a droit au monde futur, et ***les*** sages de toutes les nations ont droit au monde futur. Alors, vous allez me dire : pourquoi « *tout* » Israël et seulement « *les sages* » des nations ?

Dieu a demandé à Israël d'être la lumière des nations. Cela peut sembler orgueilleux : « le peuple élu »... Vu de l'extérieur, c'est insupportable ! Cela veut dire aussi, et peut-être surtout, que la parole qui a été donnée par Dieu « en direct » à Moïse sur le mont Sinaï doit éclairer la terre entière. Et ceux qui sont illuminés par cette lumière ont droit au monde futur. Par conséquent, tout le monde y a droit. Je rappelle le texte du prophète Michée : « Quiconque invoque le nom de l'Éternel sera sauvé. » Par ailleurs, quatre siècles avant Jésus, Malachie, le dernier prophète, dit : « Mon nom est grand parmi toutes les nations de la terre, et en tout lieu un sacrifice d'encens est offert à mon Nom. » C'est-à-dire que même les païens, même les idolâtres, même les plus éloignés de nos croyances judéo-chrétiennes bien structurées, quelle que soit la forme de leur adoration, adorent Dieu, par conséquent invoquent le nom de Dieu, et donc seront sauvés !

Alain Houziaux

Je viens de lire un théologien juif récent, Yeshayahou Leibowitz[3], qui insiste beaucoup sur la différence entre l'idée qu'il se fait du

3. Y. Leibowitz (1903-1994), auteur, entre autres, de *Judaïsme, peuple juif et État d'Israël* (Jean-Claude Lattes, 1985), et de *Israël et Judaïsme* (DDB, 1996).

judaïsme, et celle qu'il se fait du christianisme sur le point suivant : pour le judaïsme, on doit obéir à Dieu pour obéir à Dieu, autrement dit pour rien, gratuitement. Il insiste beaucoup sur cette notion : on ne le fait pas pour être sauvé mais par simple obéissance, par un comportement vertueux, désintéressé. À l'opposé, pour lui, dans la tradition chrétienne, existe la notion de théologie des mérites. Il faut être vertueux pour accumuler des points – comme pour la retraite – et atteindre le paradis.

Que pensez-vous de cette position ? Les choses sont-elles aussi tranchées que cela ? Il me semble que pendant mes études de théologie, j'ai appris qu'au sein du judaïsme il fallait être justifié par ses œuvres, et qu'au jugement dernier, Dieu pesait comme sur une balance le poids de nos obéissances et celui de nos péchés pour savoir si nous pouvions être considérés comme justes. C'est en tout cas comme cela que l'apôtre Paul présente le judaïsme.

Gérard Israël

Il n'y a pas de mauvaise foi dans la tradition chrétienne. Si on compare l'enseignement de Paul et l'enseignement de Jacques, le frère du Seigneur, on est en droit de se poser la question. Paul a triomphé, faisant de la Loi une spécificité qui s'applique exclusivement aux juifs, mais ceux-ci n'ont pas intérêt à la respecter parce qu'elle est impossible à respecter ; la Loi génère le péché, et le péché génère la mort. Jacques, à la différence de Paul, avait connu Jésus puisqu'il était son frère. Je sais bien que l'Évangile prétend qu'au début, même ses frères ne croyaient pas en Jésus. Enfin, Jacques est devenu le chef de l'église de Jérusalem, et il en a été le témoin le plus important. Il n'a pourtant pas été caractérisé comme apôtre. Mais son épître est fondée sur une dialectique extraordinaire ! Les chrétiens ne lisent pas assez ce texte.

Cette dialectique entre la foi et les œuvres est fondamentale pour Jacques. Ce texte dit clairement qu'il faut faire très attention à cette idée selon laquelle seule la foi sauve, parce qu'il y a aussi les œuvres. Seulement *œuvre* a été très mal traduit. Il s'agit tout simplement de la pratique, des commandements tels qu'ils sont énoncés par la Loi.

Pour répondre plus directement à votre question, je ferai référence à une notion d'hébreu, qui a d'ailleurs été reprise par Pascal : « Fais et tu comprendras. » Le plus important, c'est d'agir en vue de comprendre. Une bénédiction fondamentale dans le judaïsme, répétée trois fois par jour, énonce :

« Béni sois-tu, ô éternel, toi notre Dieu, qui ouvres à la connaissance. » Il est essentiel de chercher à comprendre, cela permet d'arriver à la foi.

LE SALUT DANS LE BOUDDHISME

par Fabrice Midal

Que faut-il faire pour être sauvé ? Avant de tenter de répondre à cette question, il faut essayer de l'entendre. Or, ce qui est ainsi demandé ne va nullement de soi. D'autres questions sont bien plus aisées à appréhender. « Comment faire pour être libre ? », ou encore : « Comment faire pour être heureux ? », voilà bien deux interrogations que chacun reconnaît d'emblée comme le concernant immédiatement. Cela, il nous importe de le savoir. Mais une question qui interroge le fait d'être ou non sauvé est plus obscure. Nous ne cherchons pas tous à l'être. Elle ne s'impose pas d'emblée à tous les hommes et ne semble prendre place qu'au sein d'un cadre déjà déterminé – celui d'une doctrine religieuse pour laquelle je ne le suis pas nécessairement, mais dont il dépend de moi de l'être.

Pourtant, lorsque l'existence humaine et le monde auquel nous appartenons se trouvent menacés, la nécessité de scruter l'horizon pour y découvrir des forces de salut apparaît avec une vigueur inégalée. De ce point de vue, en quelque sorte minimal, le souci d'être sauvé est constitutif de la condition humaine, l'expression du souci de s'arracher à la simple contingence de l'existence ordinaire. Il ne préjuge nullement un engagement religieux. Peut-être nous faut-il commencer là notre réflexion.

La question du salut en temps de détresse

En un temps de détresse comme le nôtre, un tel appel – comment se sauver ? – prend des accents particulièrement aigus. Notre existence ordinaire est en effet vouée à une uniformité qui tend à éteindre la possibilité d'un tel questionnement. On peut qualifier notre époque de « détresse » car, en elle, toute existence perd son relief et est conçue en une idéologie et un cadre extrêmement serrés, visant à un *statu quo* opéré à notre plus grand désavantage.

Ce *statu quo* est le résultat du triomphe de l'ultramodernité, de l'idéal gestionnaire, qui est une nouvelle forme de tyrannie. Et ce d'autant plus que ce modèle se pose comme incontestable : nous devons simplement produire et consommer, et toute réalité est ainsi mesurée à cette aune. « La violence du pouvoir aujourd'hui, qui nous traite en bétail par le biais de la bureaucratie industrielle, remarque ainsi Pierre Legendre, surajoute la censure d'un nouveau style, d'après lequel le triomphe de l'organisation moderne signifierait l'abolition de toute politique. De cette prétention, la publicité garantit chaque jour l'imposture[1]. »

Tout questionnement est ainsi annulé. Si bien que Pierre Legendre peut légitimement se demander : « S'agit-il de promouvoir l'autogouvernement par le plaisir, l'enfermement sur soi par la consommation de signaux, d'engager l'humanité vers une culture en quelque sorte masturbatoire[2] ? »

Par de telles remarques, je ne cherche nullement à me lancer dans une évaluation pessimiste sur le déclin de notre monde. Je veux simplement avoir le courage de regarder le visage du menaçant. En réalité, voilà bien ce à quoi nous conduit l'interrogation que nous avons à examiner.

En passant trois heures par jour (selon la moyenne nationale) à regarder la télévision, et le reste du temps dans un travail qui ne lui permet pas de manifester sa grandeur, de faire

1. Pierre Legendre, *Jouir du pouvoir, traité de bureaucratie patriote*, Minuit, 1976, p. 269.
2. *Id.*, *Sur la question dogmatique en Occident*, Fayard, 1999, p. 331.

jaillir qui il est, l'assujettissant à être toujours plus efficace, rentable, confronté à un espace de liberté très étroit et entièrement ordonné par le marché économique, comment l'homme pourrait-il retrouver le chemin de son propre cœur ?

Certes, nos besoins de nourriture et de biens sont comblés mais, comme l'écrivait la philosophe et femme de foi que fut Simone Weil, au cœur de la Seconde Guerre mondiale : « Les populations malheureuses du continent européen ont besoin de grandeur encore plus que de pain, et il n'y a que deux espèces de grandeur, la grandeur authentique, qui est d'ordre spirituel, et le vieux mensonge de la conquête du monde. La conquête est l'ersatz de la grandeur[3]. »

Chercher le salut implique d'abord de ne pas se satisfaire du « règne de la quantité » dénoncé par René Guénon, de la volonté incessante de conquête – aussi confortable cela soit-il.

Cette méditation de Simone Weil déplace donc notre questionnement. S'interroger sur notre salut n'est pas chercher la sécurité – comme les bien-pensants ne cessent de le

3. Simone Weil, *L'enracinement, prélude à une déclaration des devoirs envers l'être humain* (1943), *Œuvres*, Gallimard, 1999, p. 1086.

répéter lorsqu'ils évoquent l'expérience spirituelle – mais au contraire la refuser, couper court à notre désir de vaine consolation. Plus exactement encore, c'est refuser les promesses de bien-être pour lui préférer la lucidité bienveillante dont le poète René Char fut le témoin : « Nous avons su, écrit-il, et saurons toujours nous retrouver côte à côte, à la seconde excessive de l'essentiel. Notre particularité consiste à n'être indésirable qu'en fonction de notre refus de signer le dernier feuillet, celui de l'apaisement[4]. »

Refuser l'apaisement ? Mais ne présente-t-on pas de plus en plus souvent le bouddhisme comme une voie du bonheur ? Voilà qui est dangereux et porte à de graves contresens. Simone Weil, qui épouse la condition des esclaves en décidant de travailler en usine, qui s'engage dans la guerre d'Espagne, ne pouvant supporter la barbarie qui menace, qui cherche par tous les moyens à se rendre en Angleterre durant la Seconde Guerre mondiale pour entrer dans la Résistance, n'a que faire du bonheur. Mais sa vie est d'une incandescence sans égale qui a tant à voir avec la sainteté !

Il nous faut, comme elle nous le montre, choisir entre la voie confortable du bien-être

4. René Char, *Recherche de la base et du sommet*, Gallimard, 1971, p. 41.

et celle du dépassement de soi. Ce n'est pas le même chemin ! Heureusement.

Le bouddhisme dans sa vérité ne dit pas autre chose. Il met en son centre le souci de faire passer en toute situation les autres avant soi-même. Et il dénonce, avec une précision surprenante, peut-être inégalée, la manière dont nous cherchons, en vain, notre confort. Chercher à se protéger et à s'améliorer nous conduit à un combat incessant qui ne peut jamais s'achever.

Le Bouddha pratiqua l'ascétisme de nombreuses années avec différents maîtres. Beaucoup réussissaient à atteindre la félicité. Mais ce n'était pas ce que cherchait le Bouddha. Il n'avait que faire de ces moments de bonheur. La voie bouddhiste se fonde en réalité sur la distinction entre la félicité spirituelle, nécessairement factice, et la délivrance authentique, qui implique nécessairement le développement de l'intelligence. Le Bouddha a atteint l'éveil en abandonnant la quête du bonheur.

Ce développement de la lucidité nous expose de manière aiguë à la souffrance et à la violence telle qu'elle se manifeste dans notre temps. Or cette violence y est d'autant plus terrible qu'elle n'apparaît pas, qu'elle est recouverte, cachée sous le visage d'un confort doux et mièvre. Aujourd'hui, une forme de « bonté » est devenue la manière dont la violence se manifeste. Au nom de la « bonté », de la « liberté », on cautionne partout l'inacceptable.

Le maître de méditation bouddhiste Chögyam Trungpa tenta de considérer cette détresse en regardant notre époque de deux manières complémentaires.

Notre temps est marqué par l'effacement de la spiritualité authentique, réduite à un matérialisme subtil, visant précisément à créer une situation confortable. En allant d'une retraite de méditation à l'autre, d'un maître à l'autre, d'un livre à l'autre, nous ne faisons plus que nous divertir : « Faire des courses à la recherche de produits spirituels, écrit-il, n'est qu'une version naïve et simpliste d'un fantastique projet de matérialisme spirituel, projet qui ne fait que produire de la souffrance et la perpétuer en vue d'atteindre l'état d'ego complet[5]. »

Il faut bien reconnaître que les analyses de Chögyam Trungpa frappent juste. Lorsque je dirige des retraites de méditation, je suis impressionné par la présence d'êtres tout à fait perdus qui cherchent une solution à leurs

5. Chögyam Trungpa (1939-1987), *Le cœur du sujet*, trad. Stéphane Bédard, Le Seuil, 1993, p. 95.

difficultés. Mais ils veulent une réponse immédiate, qui ne leur demande aucun effort. Ils recherchent des expériences agréables, « mystiques ». Cette attente les rend sourds et aveugles et ce, d'abord, à leurs véritables difficultés.

À cette réduction de la spiritualité à un produit commercial en vente libre qui la dénature, se joint une perte de la grandeur. Chögyam Trungpa rejoint ici l'analyse de Simone Weil. Cette disparition de la grandeur, de la beauté, Chögyam Trungpa la nomme le « règne du soleil couchant ». C'est une image parlante. Le soleil qui se lève le matin nous invite à l'éveil, à regarder droit devant nous. Au contraire, le soleil couchant est le soleil de la dépression qui n'a plus le courage de regarder devant lui.

Notre époque choisit, frénétiquement, une telle atmosphère et nous l'impose. « La notion de soleil couchant, explique Chögyam Trungpa, correspond à l'envie de dormir. Quand le soleil se couche, on va dormir bien sûr. On veut retourner au ventre de sa mère, régresser, sachant qu'on peut se cacher derrière des nuages noirs. Cela revient à dire que la bravoure a disparu : c'est la lâcheté totale. En même temps, un conflit perdure : on refuse de sortir entièrement de ce monde ; on s'efforce toujours de survivre, de prévenir la mort. Le monde du soleil couchant repose donc sur une attitude psychologique de peur. La peur y est à la fois constante et intentionnellement suicidaire[6]. »

La question du salut prend donc, dans un tel contexte – dans ce contexte du soleil couchant, de l'atomisation de l'individu – une tonalité particulière. Elle est un acte de résistance au sens le plus haut, de courage inouï, une manière d'interroger, en direction de l'essentiel, le sens de notre existence qui, précisément aujourd'hui, cesse de faire question. La voie bouddhiste réside d'abord dans un tel acte. Avant d'être une voie religieuse, elle nous invite à nous interroger nous-mêmes sur qui nous sommes.

L'épreuve de la liberté

La question « Que faut-il faire pour être sauvé ? » n'appelle donc pas, pour moi, une réponse unilatérale, mais demande l'ouverture d'un chemin en elle. S'il existait une réponse simple, nous le saurions et, l'une des inquiétudes les plus radicalement ancrées en nous, celle portant sur notre propre destin, aurait disparu depuis longtemps. Un tel ouvrage n'aurait même aucune raison d'être.

6. Chögyam Trungpa, *Dharma et Créativité*, trad. Stéphane Bédard, Guy Trédaniel, 1999, p. 27.

Mais justement, à une telle question, il n'y a pas de réponse ; c'est ce qui en fait toute la beauté. Nous sommes obligés de la méditer sans pouvoir déboucher sur une solution définitive. Une fois le résultat d'un problème mathématique trouvé, je n'ai plus besoin d'y penser. Je peux l'oublier. Mais pourrai-je résoudre cette question qui m'interroge sur la manière de me sauver ?

Non, et là réside une inquiétude qui signe ma condition. Je ne sais pas. Il n'y a pas de réponse fixe possible. La raison de ce manque est que l'homme est un être libre, qui n'est jamais une fois pour toutes établi dans son être.

Il ne peut pas être simplement content, quelque chose, en lui, ne le laisse pas en paix. Selon les enseignements bouddhistes, c'est une chance extraordinaire. Seul l'homme, à cause de cette inquiétude fondamentale, peut être sauvé, peut atteindre la libération. Les dieux mondains qui sont pris au piège du cycle des existences n'ont pas cette chance. Certes, ils vivent dans la félicité, mais celle-ci est temporaire.

À un moment donné, leur lumière commence à décroître et le parfum qui se dégageait d'eux n'est plus aussi agréable. Leurs compagnons se détachent d'eux et ils chutent d'un monde à l'autre. Ce n'est pas une existence très recommandable ! Le problème ici est que la félicité intoxique complètement celui qui l'éprouve et qu'il ne cherche plus à faire son salut, c'est-à-dire à répondre à sa liberté. Il est tellement heureux de son sort qu'il en devient idiot.

Les animaux sont dans une situation assez proche. Ils sont marqués par un certain aveuglement qui ne leur permet pas de remettre en cause leur comportement. Ils sont certes dans un rapport moins figé à leur environnement qu'une pierre ou un arbre mais ils sont spontanément ce qu'ils sont – de manière non thématiquement questionnante. Ainsi, la vache dans le pré est spontanément vache. Elle n'a aucun effort à faire pour l'être – ce qui participe à l'émerveillement qu'est le fait de la voir.

Pour l'homme, être est plus difficile. Il n'est pas naturellement un être humain. Tout pour lui se gagne, et se gagne contre une propension à être inhumain, ou tout au moins pas assez pleinement humain. Tant de ses actions ne sont pas justes, ne sont pas à la hauteur voulue, blessant malencontreusement d'autres hommes, correspondant à des habitudes figées, ayant l'allure de réponses toutes faites.

L'homme n'est pas installé dans son existence une fois pour toutes. Cette situation parfois terrible peut pourtant s'avérer une chance. Elle ménage une ouverture primordiale en lui. De ce point de vue – qui n'est pas même encore religieux –, on pourrait dire que l'animal est naturellement sauvé (ou que la question du salut ne se pose pas pour lui) tandis que l'homme doit gagner son salut.

Telle est, pour nous, l'épreuve de la liberté – qui n'est donc pas, contrairement à tout ce que l'on raconte, une détermination aisée et belle, mais qui implique une réelle inquiétude.

Dans cette perspective, le souci de nombreuses religions de définir l'homme à partir de la nature, ne permet pas de considérer celui-ci d'après ce qu'il est. C'est particulièrement frappant ce qui concerne la sexualité. Lorsqu'un évêque français exprime dans les médias sa surprise de voir les écologistes revendiquer le mariage homosexuel et s'opposer aux OGM – car, pour lui, l'un comme les autres sont également contre-nature –, il témoigne d'une étrange conception de l'homme, prétendant le ramener à des fonctions « naturelles ».

Mais tout amour est par définition *surnaturel*. Le terme de nature ne peut jamais être, pour l'homme, quelque chose de fixé. Voilà précisément le sens de sa liberté. Une conception « naturelle » de notre existence va à l'encontre du caractère radical de notre liberté. Le normatif inhérent et indispensable à toute société tient précisément à la nécessité fondamentale pour toute humanité de se détacher de la nature. C'est précisément à cette jointure que peut se situer le religieux comme tel.

Contrairement à tant d'idées reçues, la liberté ne consiste pas à choisir ce que l'on veut faire. Pour reprendre notre exemple, un homosexuel ne choisit pas de l'être ou de ne pas l'être. Mais la liberté est la question du rapport qu'il peut entretenir avec ce qui se destine à lui – ce qui ne peut nullement se résoudre dans la peur ou la soumission à une norme quelconque. C'est pour cela que Yukio Mishima souligne par exemple que dans le Japon du XVIIIe siècle, « l'amour d'un homme pour un autre homme était considéré comme une passion plus élevée et plus spirituelle que l'amour pour une femme[7] ».

Toute société est bien obligée de moduler, selon des modes chaque fois différents, le fait qu'être humain n'est pas

7. Yukio Mishima, *Le Japon moderne et l'éthique samouraï*, Gallimard, 1985, p. 46.

strictement naturel, mais est mis à l'épreuve de la liberté. C'est précisément là que se noue la question du salut, qui doit toujours être repensée à neuf.

J'ai remarqué que l'évocation de la notion de destin créait spontanément une irritation. C'est sans doute dû au fait que nous sommes prisonniers d'idées extrêmement naïves sur la liberté comprise comme la capacité de faire ce que l'on veut, comme on le veut.

C'est là une immense et catastrophique illusion car, lorsque je fais ce que je veux, je suis mû par les habitudes de comportement dont j'ai hérité familialement et socialement. Je suis alors en réalité dans une situation d'emprisonnement. Atteindre ce que nous sommes en soi ne se fait pas sans une immense ascèse.

Pour le montrer clairement, prenons l'exemple d'un musicien. Jamais quelqu'un qui joue spontanément, sans avoir étudié, sans un travail attentif, ne réussira à faire entendre la musique. Si un pianiste débutant s'exclamait : « je ne veux prendre aucune leçon car je veux être libre », nous ririons bien. Il devrait en être de même quand nous pensons être libres sans nous plier à une certaine discipline. La véritable question est celle-ci : la discipline nous permet-elle de toucher en nous une fraîcheur spontanée, une manière d'être plus pleinement soi-même par rapport au monde ? Si c'est le cas, elle est l'épreuve même de la liberté.

Interroger l'authenticité de l'homme

Un temps où la souffrance n'apparaît plus, où l'on tente de l'atténuer, de l'effacer par une effervescence débridée est inquiétant. C'est un temps où la liberté est en train d'être abandonnée.

Nous interroger sur ce qu'il faut faire pour être sauvé implique que nous sachions qu'il a quelque chose à faire pour cela, que nous ne le sommes pas déjà une fois pour toutes, que nous avons à inventer notre existence et qu'il y a là un défi malaisé à surmonter.

La première instruction que donna le Bouddha, après avoir atteint l'éveil, fut de présenter cette vérité : nous souffrons. Il y a là de quoi s'étonner. Cet enseignement prend place au sein d'une présentation en quatre temps dont la structure ressemble à la pratique d'un médecin. On diagnostique une maladie, on en identifie la cause, on détermine si elle est curable et on indique un traitement pour la guérir.

La première vérité concerne la « maladie », qui est la « souffrance » à laquelle nous sommes soumis. Souvent, les bouddhistes vont un peu vite en besogne et, restant un peu scolaires, présentent de manière mécanique l'une et l'autre et ce jusqu'à la cessation de la souffrance.

Le bouddhisme part de la constatation que nous souffrons. Sans cette découverte, pour lui, il n'y a pas de possibilité de vivre authentiquement. Quand quelqu'un reconnaît qu'il souffre, le reconnaît vraiment, simplement, non pas pour s'en plaindre et chercher ainsi à se dérober, mais parce qu'il est simplement prêt à affronter ce fait, il advient à son humanité de manière magistrale. En un certain sens, le faire vraiment est très rare et nous fait entrer dans la voie de la sainteté.

Mais sans aller jusque-là, sans aller jusqu'à une transparence entière envers soi-même qui nous expose pleinement à la souffrance, simplement en reconnaître le fait est déjà un saut important. Cela ne va nullement de soi. Je me souviens que lorsque j'étais adolescent et venais de m'engager dans le bouddhisme, ma mère, tout à fait inquiète – à une époque où le bouddhisme était peu connu – m'en demanda la raison. Je lui parlai de cette vérité de la souffrance, que le bouddhisme me semblait enfin écouter simplement. « Comment ?, me dit-elle, toi, tu souffres ? Moi, non ! » Elle n'arrivait pas à comprendre ce dont je lui parlais. Et j'ai souvent remarqué que nombre de gens n'ont pas, comme elle, de contact avec la vérité de leur propre souffrance.

À l'époque, je n'avais pas encore perçu toute la résonance d'un tel dialogue. Ma compréhension de la souffrance restait un peu étroite : pour moi, aller mal, c'était souffrir physiquement ou mentalement. Et comme de nombreux adolescents, j'étais alors dans une situation difficile. Mais en réalité, l'indication du Bouddha est beaucoup plus large que ce mal-être grossier et pointe une incertitude beaucoup plus radicale, chevillée au cœur même de l'existence.

Oui, mais voilà, nous ne regardons pas très précisément ce qui nous arrive. Nous essayons de faire semblant que tout va bien, ce qui perpétue la souffrance, et tout d'abord celle que nous causons autour de nous.

Que faire pour être sauvé ? Nous avons maintenant une première indication : reconnaître que nous souffrons, que notre vie est marquée par une insatisfaction chronique. Il ne s'agit pas de prendre cette souffrance comme un manque, comme le fait que nous ne sommes pas à la hauteur. Tout au contraire. C'est là le grand enseignement. La souffrance existentielle, poignante, peut devenir un cadeau pour celui qui n'en a pas peur. Elle est la porte de notre propre cœur, elle est le chemin de l'authenticité.

Cet échange avec ma mère révèle qu'il n'est pas aisé de faire l'épreuve de sa propre souffrance. Et, contrairement à ce que l'on pourrait croire, c'est un véritable problème. Comme l'écrit la nonne bouddhiste Péma Chödrön : « Il existe un malentendu général chez tous les êtres humains nés sur cette terre : la tendance à croire que la meilleure façon de vivre est d'essayer d'éviter la douleur et de se contenter de rechercher le confort. On peut observer cela même chez les insectes, les animaux et les oiseaux. Nous sommes tous les mêmes[8]. »

Le premier geste que nous invite à faire le Bouddha est simple : reconnaître l'étendue de notre souffrance, sans aucun jugement, en faire simplement l'expérience directe. Ce geste simple suffit en un sens à couper court à cette tendance qui consiste à rechercher le confort – tendance qui nous aveugle et nous rend semblables aux dieux mondains que j'ai

8. Pema Chödrön, *Entrer en amitié avec soi-même*, La Table Ronde, 1997.

évoqués, intoxiqués par la félicité qu'ils créent eux-mêmes.

Chögyam Trungpa, qui est sans doute le principal bouddhiste engagé dans une présentation questionnante et pensive de la tradition, énonce cette vérité ainsi : « Le problème consiste à adopter l'attitude selon laquelle la douleur doit disparaître et qu'à ce moment-là ce sera le bonheur. C'est la croyance erronée qu'on cultive. La douleur ne s'en va jamais, et nous ne serons jamais heureux. C'est ça la vérité de la souffrance, *dukkha satya*. La douleur est toujours là ; on ne sera jamais heureux. Il existe donc un mantra pour vous. Ça vaut le coup de le répéter. Vous disposez désormais de la première initiation : vous avez un mantra[9]. » Certes, sa manière de présenter le fait est un peu brutale. Mais parfois, cela est nécessaire, surtout pour une vérité que l'on se refuse tant à entendre.

Arrivés à cette étape de notre cheminement, remarquons que le fait de se demander ce qu'il faut faire pour être sauvé nous sauve. Je sais que cela paraît un peu paradoxal, mais il me semble bien que c'est ainsi. En posant une telle question, je me dénude, je m'ouvre.

9. Chögyam Trungpa, *Jeu d'illusion*, trad. Stéphane Bédard, Le Seuil, 1997, p. 88.

Un engagement dans la liberté et pour la liberté

Dans le bouddhisme, faire l'épreuve de la liberté implique un retournement, une conversion qui invite à quitter des habitudes de comportement.

Comme l'écrit le maître tibétain Dilgo Khyentsé : « Tous les êtres aspirent au bonheur, mais abusés par l'ignorance, ils ne font que bâtir leur propre malheur. Trompés par l'attachement et l'aversion que produit leur esprit, ils ne réalisent pas que le véritable bonheur vient de l'accomplissement spirituel. Piégés dans le filet de l'illusion, ils vont, aveugles, de souffrance en souffrance[10]. » Pour réussir à changer, il faut reconnaître que quelque chose ne tourne pas rond, et se demander, par exemple : « Que faire pour être sauvé ? »

Ici, l'essentiel est de se souvenir que la question est en elle-même la réponse. Il n'y a pas de réponse définitive à une telle question car on éteindrait ce feu qui nous éclaire. Ce serait vraiment malheureux. Mais si on garde en son cœur la question, si on devient cette question, quelque chose de vivant se produit.

10. Dilgo Khyentsé, *Le trésor du cœur des êtres éveillés*, trad. comité Padmakara, Le Seuil, 1996, p. 21.

Se poser la question « Que faire pour être sauvé ? », c'est toucher son cœur et ne plus se contenter de l'affairement habituel qui nous le fait oublier.

Reconnaître que nous sommes sauvés

L'extraordinaire nouvelle des enseignements bouddhistes est que nous sommes déjà sauvés. Le chemin consiste à apprendre à le reconnaître.

Le Bouddha présenta ses enseignements en trois cycles qui sont autant de manières de nous démontrer ce fait.

Après avoir atteint l'éveil complet, le Bouddha resta silencieux, et ne donna aucun enseignement pendant quarante-neuf jours. Il ne voyait pas comment il pourrait transmettre son expérience. S'y résoudre, trouver comment y parvenir, fut un saut important, et une étape nouvelle sur son chemin. Il lui fallait laisser parler son cœur. Ses premiers mots, il les prononça en rencontrant ses anciens compagnons, qui s'étaient détournés de lui lorsqu'il avait refusé de prendre plus longtemps la voie de l'ascétisme absolu qu'ils suivaient ensemble.

Il s'était décidé à prendre soin de son corps et à d'éviter tous les extrêmes. Ses compagnons avaient alors fait le serment de ne plus jamais se joindre à lui, considérant son changement d'attitude comme une trahison. Mais dès qu'ils le virent, quarante-neuf jours après son éveil, ils furent spontanément attirés par lui. Une telle paix irradiait de cet homme. Elle mit fin à tous leurs préjugés. Ils ne souhaitaient qu'une seule chose : l'écouter. Le Bouddha exposa alors les quatre nobles vérités, dans ce que l'on nomme le « premier tour de roue du dharma ». Il leur révéla la présence de la souffrance dans chacun de nos comportements, la raison de cette situation et comment entrer en relation avec elle.

La souffrance, exposa-t-il, est là, présente, sans être pour autant le signe d'une chute définitive. Nous pouvons, en accordant une attention intelligente à nos comportements, nous délivrer des mécanismes qui nous enferment. Ce qui compte, c'est de regarder ce que nous sommes, simplement, directement. Le Bouddha pointa ici le *non-ego*, le fait qu'il n'existe rien qui soit « je » : « La totalité des conceptions, idées, espoirs et craintes, émotions, conclusions, etc., ne sont que des créations de nos spéculations et seulement un héritage psychologique venu de nos parents, de notre éducation et ainsi de suite.

Nous nous contentons de coordonner tout cela ; c'est notre seule initiative[11]. »

Il importe de recouvrir un sens d'être plus fondamental que ce que laissent à voir nos oripeaux.

Dans le second tour de roue du dharma, le Bouddha enseigna un ensemble de *Sutra*, connu sous le nom de *Perfection de la sagesse* (*Prajnaparamita*), qui traite plus particulièrement de la vacuité. Cette notion implique qu'aucun phénomène n'a d'identité intrinsèque. Dès lors, il n'y a rien « ultimement » que nous puissions sauver. Cette manière de pointer l'ouverture inconditionnelle qui existe en chaque situation est une libération. Nous pouvons nous détendre complètement.

Le troisième tour de roue consiste en l'affirmation de la nature du Bouddha (*Tathagathagarba*). De la même manière qu'un vieil homme qui vivrait dans une caverne d'or, mais ne le sachant pas, errerait pour mendier sa pitance, effrayé de manquer de tout, nous aussi, nous sommes perdus, convaincus que nous sommes privés de quelque chose de fondamental. Le Bouddha est semblable à cet homme qui, rentrant dans la demeure du vieillard, lui montrerait qu'il vit en réalité

11. Chögyam Trungpa, *Méditation et action*, trad. Armel Guerne, Le Seuil, 1981, p. 22.

dans un trésor, et qu'il lui suffit de prendre un morceau de rocher pour obtenir tout ce qu'il souhaite. De même, nous possédons un trésor, le Bouddha, l'Éveil est en nous, en germe, il ne nous manque que de le reconnaître pour le laisser croître.

Pourquoi le Bouddha n'a-t-il pas commencé par donner cet enseignement ? Parce que sans avoir fait l'épreuve de la souffrance qui pénètre tout, et de la vacuité, on risquerait de la solidifier et d'en faire un principe solide, une sorte d'idole.

Contrairement à certaines idées reçues, le bouddhisme est une tradition spirituelle particulièrement scrupuleuse sur cette question. Éviter toute possibilité d'idolâtrie est le cœur de sa pensée. Cette sagesse qui existe en nous, nous ne pouvons pas nous l'approprier sans la détruire.

Être sauvé implique un geste radical d'ouverture qui laisse la sagesse se manifester spontanément.

La pratique de la méditation assise, celle que fit le Bouddha, est un chemin où l'on éprouve que nous sommes sauvés. Voilà l'étrange paradoxe du bouddhisme. Car si nous sommes sauvés, nous ne le savons pas. Il nous faut le découvrir. Mais il n'y a rien à découvrir.

Laisser la liberté résonner en nous nous donne le goût d'une existence où la distinction entre être sauvé et ne pas l'être cesse de faire sens. Nous goûtons alors la délivrance ou, plus exactement, la délivrance peut enfin faire irruption en nous ; elle trouve la place pour venir séjourner. Elle le peut, car l'ego, la volonté de saisie et de maîtrise ont disparu. Une déprise radicale ouvre la place. L'ego ne sera jamais sauvé, mais le non-moi l'est spontanément.

*

Alain Houziaux

Ma question va concerner l'ensemble des traditions religieuses et pas seulement la religion hindoue : quel est le critère de vérification selon lequel il existe bien un salut ? Comment l'expérimenter, en rendre compte ? Le fait d'être sauvé n'est-il pas une illusion, un opium, pour parler comme Marx ?

Fabrice Midal

Comme votre question est lourde et manque l'essentiel ! Il n'y a, dans le champ qui nous occupe, nul « critère de vérification ». Ne pas savoir, comme le soulignait déjà Aristote, ce qui a besoin de preuve et ce qui n'en a pas besoin, est un manque d'éducation.

Le fait d'être sauvé, voilà ce que je peux expérimenter ici et maintenant. Dans la simplicité de ce qui est. Lorsqu'il n'y a plus rien à sauver, plus rien à protéger, que l'ouverture elle-même devienne le la à partir duquel tout trouve place.

Alain Houziaux

Il me semble que dans le christianisme, le salut est proclamé, c'est-à-dire que l'on nous annonce : « Vous êtes sauvés ! », même si on n'expérimente rien et que l'on ne ressent rien. Alors, n'y aurait-il pas une différence entre le salut expérimenté et vécu, et le salut proclamé et cru sur parole ?

Fabrice Midal

Je comprends mieux votre question. Dans le bouddhisme, le salut doit être éprouvé. Il répond à une déprise entière qui est en quelque sorte une expérience de l'ordre du salut.

Raphaël Picon

Je suis très touché par la notion de dé-maîtrise de soi, de lâcher prise que vous avez démontrée comme nécessaire après la perte de l'illusion du moi autonome pour faire advenir de l'autre. Quelle est, justement, la place de l'altérité dans ce travail sur soi ?

N'est-ce pas aussi une sorte de transcendance que représente cette place laissée à l'autre ?

Fabrice Midal

Votre question va droit au nœud d'une des grandes incompréhensions que suscite le bouddhisme. Puisqu'il parle du non-moi, ne manque-t-il pas la place de l'autre ?

Le bouddhisme qui pense l'absolu comme Rien, ne manque-t-il pas le fait que, comme Dieu, il est une personne ?

Eh bien non ! Car tant qu'il y a un « moi » stable et autonome, la relation à l'autre est partielle. C'est l'ouverture inconditionnelle qui nous révèle que nous sommes inséparables les uns des autres.

LE SALUT, LA GRÂCE DE VIVRE

par Raphaël Picon

Que faut-il faire pour être sauvé ? Rien ! Ne rien faire, être délivré de la nécessité de faire un bien pour en gagner un autre, être libéré de l'emprise d'un Dieu à satisfaire et à ménager : voilà le véritable salut ! Que faut-il donc faire pour être sauvé ? Rien, mais rien, c'est beaucoup…

Luther, Zwingli, Calvin, Castellion, les réformateurs vont à l'unisson reprendre à leur compte cette vieille intuition paulinienne : le salut est l'œuvre de la seule grâce de Dieu. Ce qui vient de Dieu résulte de son unique bon vouloir et de sa seule liberté. Le salut ne sanctionne aucun fait ni aucune morale, il ne récompense aucune confession de foi ni aucune participation ecclésiale.

Il est donné indépendamment de ce que nous sommes, de ce que nous faisons, de ce que nous croyons. Voilà qui bouleverse en profondeur l'économie religieuse traditionnelle : Dieu n'est plus à amadouer et à contenter. Il n'est plus ce justicier comptable de nos méfaits et de nos bonnes actions ; sa grâce est gratuite, irrésistible, inconditionnelle…

Un salut offert ou l'excès de la grâce

Dans sa Préface au *Premier volume des œuvres latines* (1545)[1], Martin Luther retrace le parcours spirituel qui l'a conduit à la découverte fondamentale pour lui de la gratuité du salut. Saisi par un « désir de connaître Paul dans l'épître aux Romains », Luther raconte qu'il fut d'emblée arrêté par « l'obstacle » que constitue l'un de ses tout premiers versets : « La justice de Dieu est révélé en lui (l'Évangile). » « Je haïssais, écrit Luther, ce terme de justice de Dieu (...). Je haïssais d'autant plus le Dieu juste qui punit les pécheurs. »

Hors de lui, « le cœur en rage et bouleversé », le moine Luther dresse alors ce violent réquisitoire contre Dieu, qui, à sa manière, sonne le glas de la conception d'une justice rétributive que reprend à son compte toute la scolastique médiévale : « Je m'indignais contre ce Dieu, nourrissant secrètement sinon un blasphème, du moins un violent murmure, je disais : comme s'il n'était pas suffisant que des pécheurs misérables et perdus éternellement par le péché originel soient accablés de toutes sortes de maux par la loi du Décalogue, pourquoi faut-il que Dieu

1. Martin Luther, *Œuvres*, t. VII, Genève, Labor et Fides, 1957, p. 206-307.

ajoute la souffrance à la souffrance et dirige contre nous, même par l'Évangile, sa justice et sa colère ? »

Le violent murmure de Luther repose sur une logique tragique et implacable. Si l'homme est pécheur, un Dieu de justice ne peut lui être d'aucun secours. Or, pécheur, l'homme l'est assurément, pour Luther. Il ne l'est pas tant à cause de ce qu'il fait, des actes qu'il pose, mais en vertu de la précédence du mal qui entache la nature humaine. Un Dieu de justice n'est qu'une condamnation de plus. Rien ne peut donc apaiser la « conscience troublée » de Luther et atténuer la « haine » qu'il ressent envers ce Dieu de justice.

Le moine médite alors « jour et nuit » et remarque, selon ses propres termes, « l'enchaînement des mots : la justice de Dieu est révélée en lui, comme il est écrit : le juste vit de la foi ». Luther soutient alors que « la justice de Dieu est celle par laquelle le juste vit du don de Dieu, à savoir la foi ». La justice de Dieu n'est pas relative à un mal commis ou subi, elle n'est pas guidée et déterminée par une œuvre qui se prétendrait méritante, elle est « passive », écrit Luther, elle est « ce que Dieu opère en nous », ce qui nous rend « plaisants » à ses yeux.

Sa justice n'est pas une punition mais ce qui rend l'homme agréable à Dieu, ce qui le sauve à son insu, alors qu'il ne le mérite pas. Cette justice n'est autre que celle du Christ, réconciliateur, médiateur, intercesseur, qui, sur la croix, offre à l'être humain la délivrance de la puissance de la mort. Guéri de sa « rage », voilà que Luther se « sent un homme né de nouveau et entré, les portes grandes ouvertes, dans le paradis même ».

S'il est donc à chercher une justice du côté de Dieu, celle-ci dérogera toujours, selon les Réformateurs et pour le protestantisme en général, aux règles de l'équilibre, de la mutualité, de la réciprocité. La justice de Dieu ne peut être que don, libéralité, grâce. Justice proprement… injuste que celle de Dieu, puisqu'elle ne punit ni ne répare. Elle est toujours en plus, en excès. Elle ne satisfait aucune requête et n'est l'addition d'aucun calcul. Le salut ne se recherche pas plus qu'il ne se provoque ou s'enseigne ; il surgit, fait événement et nous saisit.

Parce que toujours en excès, cette grâce ne vient pas souligner la valeur interne de la nature humaine, la compléter ou la parachever (*perfecit*), comme le prétend la scolastique médiévale, elle vient simplement rendre l'homme juste alors qu'il ne l'est pas, sans transformer sa propre nature. Le croyant justifié demeure à la fois juste et pêcheur (*simul justus, simul peccator*). Il demeure, plus précisément, pécheur dans son être mais juste aux yeux de Dieu. « En moi-même, en dehors du Christ, écrit Luther, je suis pécheur ; en Christ, en dehors de moi-même je ne suis pas pécheur. » C'est donc l'homme devant Dieu, lié au Christ, qui est sauvé, car il reçoit de lui cette grâce qui le décharge enfin de l'obligation de vivre de ses seules qualités et capacités, de ce croire capable de se réaliser lui-même, ce qui est précisément pour Luther la forme la plus pernicieuse du… péché.

Les œuvres seraient-elles alors devenues vaines et inutiles, et l'affirmation de ce salut par la grâce seule, un oreiller de paresse ? Oui, si l'on considère l'œuvre comme le préalable à l'acceptation par Dieu, non, si l'on considère l'œuvre comme le fruit de la grâce. Le même Luther, dans son commentaire de l'Épître aux Galates, rejettera dos à dos les « faiseurs d'œuvres » qui font « passer la justification de la foi à la charité », et les « paresseux, les nonchalants et les oisifs » qui se « bornent à croire et à faire ce qu'ils veulent ». Il est vrai, précise Luther, que « la foi seule justifie, sans les œuvres, mais cette foi, après qu'elle a justifié, ne s'endort pas dans l'oisiveté : elle est agissante par la charité ».

Le débat au sein du protestantisme ne portera pas sur les modalités de cette articulation entre la faveur et le labeur, entre la grâce et la responsabilité, la seconde étant toujours la conséquence de la première. La discussion portera davantage sur la nature même de cette réponse humaine. Si elle est la conséquence logique du don de la foi pour Luther, l'œuvre est, pour Zwingli, le réformateur de Zurich, le « reflet de la foi », sa dimension visible et concrète : « Là où la vraie foi existe, l'œuvre se trouve, de même que la chaleur est là où se trouve le feu. Et là où la foi manque, l'œuvre n'est pas œuvre, mais vaine simulation d'œuvre[2]. » La foi sans œuvre est « morte », dira-t-il encore.

La foi est donc agissante pour Zwingli. Elle n'est pas seulement ce qui appelle l'action, dans un souci de cohérence et d'obéissance, elle est en elle-même une mise en œuvre de la foi : « Le bon arbre porte de bons fruits, les enfants d'Abraham font les œuvres d'Abraham[3]. » Surmontant ainsi l'opposition entre foi et œuvre, Zwingli développe une approche concrète et dynamique du salut. Celle-ci n'est pas une simple affirmation de principe ou le compte-rendu d'une

2. Huldrych Zwingli, *Exposition de la foi* (1531), Les Bergers et les Mages, Paris, 2000, p. 84.

3. *Idem.*

expérience privée et solitaire, elle est la mise en œuvre d'une action de salut offerte à l'humanité, elle engage le croyant *dans* et *pour* le salut.

Dans une autre veine, tout aussi mobilisatrice, Jean Calvin soutiendra dans son *Institution de la religion chrétienne*, que, loin d'abolir les bonnes œuvres, la justification gratuite les rend possibles et nécessaires. « Christ ne justifie personne qu'il ne le sanctifie en même temps[4]. » Cette justice du Christ qui nous réconcilie avec Dieu nous sanctifie, nous permet de croître dans la Parole de Dieu, de servir le Dieu vivant, de « vivre sobrement, sainement et religieusement », de participer à la vie du monde comme le « théâtre de la gloire de Dieu ». « Nous ne sommes point justifiés sans les œuvres, bien que ce ne soit point par les œuvres[5]. » C'est donc la seule *faveur* de la grâce de Dieu que le *labeur* met en lumière et incarne.

Un salut sans prix, ou le prix de la grâce

S'il n'y a donc rien à faire pour gagner le salut, ce « rien » nous engage, nous coûte, et

4. Jean Calvin, *L'institution de la religion chrétienne (1536)*, Éditions Kerygma-Farel, 1978, t. 3, p. 263.
5. *Idem.*

bouleverse nos conceptions de Dieu et notre compréhension de la foi.

La grâce annonce le prix fort que Dieu accorde à l'humanité. Nous dirions volontiers aujourd'hui que la croix nous enseigne précisément à quel point l'amour de Dieu dépasse toute logique, et nous saisit, malgré nous et malgré tout. La croix signe non seulement l'échec cinglant de la prédication de Jésus mais témoigne surtout du refus de ses contemporains à l'entendre, à la prendre en compte, à l'accueillir favorablement. La croix peut donc aussi nous enseigner que, *malgré* cette condamnation à mort de Jésus, malgré le pire dont l'humanité est capable, l'amour de Dieu demeure.

Dans son fameux commentaire du Sermon sur la montagne, intitulé précisément *Le prix de la grâce*, le théologien allemand Dietrich Bonhoeffer dresse un violent réquisitoire contre une grâce à bon marché. « La grâce à bon marché, c'est la justification du péché et non du pécheur, écrit-il. Puisque la grâce fait tout toute seule, tout n'a qu'à rester comme avant. Toutes nos œuvres sont vaines. Le monde reste monde et nous demeurons pécheurs même avec la vie la meilleure[6]. »

6. Dietrich Bonhoeffer, *Le prix de la grâce*, Genève, Delachaux et Niestlé, 1967.

Rester les bras croisés devant le Christ en croix : voilà ce qui contredit et pervertit la gratuité engageante de la grâce.

Bonhoeffer stigmatise ici l'attitude de ces chrétiens si satisfaits d'eux-mêmes et de leurs petites assurances qu'ils en oublient combien l'incarnation de Dieu lui a coûté cher. « La grâce à bon marché, c'est la grâce qui n'accompagne pas l'obéissance, la grâce sans la croix, la grâce abstraction faite de Jésus-Christ vivant et incarné[7]. » Cette grâce, dont le seul prix est de n'en avoir aucun, fut payée par Dieu pour notre seule tranquillité. La grâce nous aurait simplement rendu le monde plus acceptable, tel qu'il est et malgré tout, et nous permettrait simplement de postuler la vanité et l'inanité de nos actions et de nos engagements... À cette grâce pervertie en aliénation religieuse, Bonhoeffer oppose celle qui nous libère pour l'action, qui nous approuve pour transformer, qui nous sauve pour incarner la vérité du salut.

L'affirmation de la grâce exclusive et irrésistible entend aussi briser toute tentative de captation de la Révélation. Le Dieu de la Réforme résiste à tout ce qui voudrait « l'enclore », pour reprendre un terme cher à

7. *Ibid.*, p. 12.

Jean Calvin. Il est toujours celui qui nous précède, nous appelle et nous saisit. Tous les éléments de l'édifice théologique du protestantisme (Église, culte, pasteur, etc.) sont toujours d'abord ceux de Dieu, provoqués, suscités et appelés par lui. La voix active se conjugue toujours en priorité, dans le protestantisme, à la voix passive.

Cette logique de la précédence théologique entend récuser tout processus de domination de la transcendance : Dieu est toujours un autre, celui qui vient, tel cet « étranger voyageur sur la terre » des poèmes de Rilke. Cette affirmation soutient donc l'irréductibilité fondamentale de Dieu à tout ce par quoi il se révèle. Si, comme le dit le théologien protestant Paul Tillich, « l'infini a besoin du fini pour se révéler, le fini ne peut s'identifier à l'infini », l'affirmation du salut par la grâce seule en vient donc à relativiser toutes les instances médiatrices de la Révélation. Dieu est toujours aussi un autre, il n'est pas réductible à ce que nous pouvons en dire.

Cette affirmation du salut par la grâce seule entend aussi valoriser le primat de la relation sur celui de l'identité. Nous avons vu comment, chez Luther, l'homme est justifié devant Dieu (*coram deo*). Ce qui importe pour lui n'est donc plus de saisir et d'intégrer, mais bien de se croire saisi et intégré, ce qui suppose précisément l'antécédence d'une relation sur sa propre identité. Pour le dire avec des catégories plus contemporaines, le sujet est toujours pensé ici comme un « ex-istant », dans le sens propre du terme où son être vient à lui. Il n'est pas, en soi, invariant et indépendant, il est ce qui advient à lui. L'affirmation de la grâce seule entend inscrire l'humain dans le vis-à-vis d'une instance autre qui, se dérobant à toute objectivation, demeure suffisamment libre de créer l'événement, de susciter de l'inattendu. Cette primauté accordée à la relation relativise donc toute identité, précisément parce que la relation demeure advenue de l'autre, déplacement du sujet, ouverture à ce qui vient…

Dans cette perspective, la foi pourra elle-même être pensée comme l'occasion de cette ouverture de soi sur l'autre et sur l'inconnu. La foi n'est pas dans ce sens l'adhésion à un corps de doctrines particulières mais une rencontre, un saisissement, une dynamique créatrice… Comme l'écrit le théologien Rudolf Bultmann : « Ce n'est pas la connaissance d'une image de Dieu, si exacte que soit cette connaissance, qui constitue la foi réelle en Dieu mais le fait d'être disponible pour la rencontre que l'Éternel veut faire de nous à chaque instant dans le présent (…). Cette disponibilité est notre ouverture à nous laisser réellement rencontrer par quelque chose qui ne nous permet pas d'être un *Je* fermé sur soi dans ses desseins et ses projets mais dont la rencontre veut au contraire nous transformer. (...) Cette disposition peut être interrogation consciente de la situation mais elle peut aussi être tout à fait inconsciente. Car Dieu peut nous rencontrer à l'improviste, là où nous ne nous y attendions pas[8]. »

La foi, dans cette perspective, ne consiste ni à croire *ceci* ou *cela*, ni à vouloir croire *ceci* ou *cela*, la foi est le fait d'être saisi par ce qui s'impose à nous pour nous concerner profondément, de manière dernière et ultime.

Il n'y aurait donc rien à faire pour être sauvé. Prétendre « faire » risquerait de sacraliser la morale et la religion, de permettre aux institutions ecclésiales de médiatiser la Révélation et de conditionner le salut, et de renouer avec cette logique comptable qui nous condamnerait à faire le bien pour en gagner un autre. Dieu serait alors ce grand compteur de nos fautes et de nos bienfaits. Mais s'il n'y a rien à faire, comment faire alors

8. Rudolph Bultmann, « L'idée de Dieu et l'homme moderne », in *Foi et Compréhension*, Paris, Le Seuil, 1969.

pour accepter pleinement ce « rien » ? Et ce rien, est-il réellement acceptable ?

Un salut à vivre, ou la puissance de la grâce

Répondre « rien » implique, on le voit, de ne pas maîtriser le salut, de ne pas en être le maître. C'est accepter que le salut nous soit donné de surcroît. Répondre « rien » impose donc de renoncer à vouloir soi-même conditionner, pour soi comme pour les autres, la réception de ce salut, de le découvrir pour tous, tel le premier mot de notre propre histoire.

Dire que celui-ci est donné par la seule grâce de Dieu brouille toutes les codifications possibles des conditions d'accès au salut. Adhérer à telle ou telle confession de foi, participer au culte, s'engager pour le bonheur d'autrui, deviennent indifférents quant à l'irruption possible de la grâce de Dieu. La grâce ne se commande pas dans un catalogue de vertus. De même, Dieu demeure résolument insoumis à nos constructions théologiques et à nos institutions ecclésiales. Il est toujours ailleurs, irréductible à ce qui peut en être dit. Cette démaîtrise nous laisse pour seule possibilité d'accepter d'être accepté, de se reconnaître soi-même comme étant déjà reconnu par un autre. Cet abandon de soi à ce qui vient est une autre manière d'affirmer que la vérité ne se fait jamais, qu'elle ne se construit pas, qu'elle ne s'enseigne pas, mais qu'elle vient à nous et se laisse simplement retrouver.

Répondre « rien » à la question « Que faut-il faire pour être sauvé ? » nous permet de nous détourner du ciel pour revenir sur terre. Puisque le salut n'est plus notre affaire, puisque nous sommes libérés de cette préoccupation aliénante de gagner le ciel et une place au soleil, l'horizon de nos préoccupations redevient celui de notre monde, de notre habitat commun. La notion de salut par la grâce seule nous libère ainsi de la préoccupation du salut et nous rend pleinement libres pour les autres, d'aller vers l'autre, sans l'utiliser pour son propre salut personnel et sa propre bonne conscience.

Mais s'il nous est possible de nous préoccuper de notre seule histoire présente, c'est bien parce que nous la savons, ou la croyons, ouverte et, elle aussi, promise au salut. C'est ici que l'idée d'un salut dit « eschatologique », pour après notre mort, ne vient pas, contrairement à ce que l'on croit bien souvent et un peu vite, atténuer l'intensité et la force de notre présence dans le monde. Croire au salut ne consiste pas à fuir le monde dans l'indifférence et l'attentisme. La notion de salut eschatologique peut soutenir l'idée d'une histoire inachevée, ouverte, en création, et nous empêche ainsi de nous croire enfermés dans le temps présent. Qu'est-ce d'ailleurs que croire en Dieu, sinon une manière de postuler la possibilité d'un ailleurs, d'affirmer que tout ne s'épuise pas dans le monde des objets finis ? Qu'est-ce que Dieu sinon cette puissance de l'in-fini qui nous permet de résister à la résignation[9] ?

C'est précisément parce que nous ne sommes pas enfermés dans ce temps présent que nous pouvons nous y engager pleinement, en sachant que tout n'est pas réduit à ce qui est, que quelque chose est encore possible, que nous ne sommes pas condamnés à devoir faire avec ce qui est et que le tout de notre vie ne s'y joue pas et ne s'y résume pas. Le salut de Dieu est une manière de dire que le monde est encore ouvert à la possibilité de quelque chose d'inouï, de nouveau, de transcendant.

Répondre « rien » nous ramène donc sur Terre, sur une Terre ouverte à la possibilité

9. Raphaël Picon, « L'in-fini », in *Évangile et Liberté*, n° 175, mars 2004.

de Dieu. Or cette présence agissante dans le creuset de l'histoire n'est peut-être rien d'autre qu'une dynamique de salut. Le salut ne serait pas, dans cette perspective, le dernier mot de notre histoire individuelle et collective, mais bien plutôt un événement de régénération, de recréation, de résurrection, le premier mot de la vie. Le salut ne nous renverrait donc pas seulement à un avenir et à un au-delà, mais prendrait place dans le temps et dans l'histoire présente comme une force de possibilité et de renouvellement.

Ce salut, dont l'étymologie n'est autre que celle de « santé », s'expérimente aussi à travers des actes créateurs qui nous transforment positivement. Lorsqu'une issue devient possible, lorsqu'un monde chaotique devient plus harmonieux, lorsque l'existence est libérée du poids de l'insignifiance, lorsqu'il est à nouveau possible de consentir à soi-même : ces différentes situations peuvent toutes être pensées comme soutenues et motivées par l'action proprement salvatrice de Dieu. Ce salut n'est pas forcément un acte ponctuel qui se produirait à un instant précis, mais un processus, un cheminement, une démarche. Dans un sermon où il évoque les récits de Noël, le théologien protestant Paul Tillich déclare que le salut a la nature de l'enfant. Il est appeler à grandir, à se développer, à affronter les négativités de l'histoire…

Répondre « rien », c'est enfin reconnaître que le salut est celui de tous. Puisque rien ne peut le canaliser, personne ne peut dire qui est sauvé et qui ne l'est pas. Calvin, et sa fameuse théorie de la prédestination, ne dira pas autre chose. Le salut est hors de notre portée. Personne ne sait, même les gens « bien nés », de beaux rangs et à la bonne moralité, ne peuvent rien prétendre… L'action de salut de Dieu est à reconnaître dans nos vies comme une dynamique globale qui englobe les êtres et les choses. Le salut d'un homme implique le salut de son monde, du monde dans lequel il est intimement lié et imbriqué. L'action salutaire de Dieu ne porte pas seulement sur des individus qui passeraient pour des entités indépendantes et fermées sur elles-mêmes. Ce salut embrasse l'humain dans ses relations aux autres et au monde, le salut de l'un entraîne nécessairement celui de celles et de ceux sans lesquels le sauvé ne serait rien ou tout différent.

Voilà pourquoi Ivan Karamazov, dans le roman de Fedor Dostoïevski[10], peut bien,

10. Fedor Mikhaïlovitch Dostoïevski, *Les frères Karamazov*, Gallimard, « Folio classique » n° 2655, 1994.

finalement, reprendre son billet d'entrée... On se souvient de son propos sans appel, lui qui, scandalisé par la souffrance injustifiable des enfants, refuse son propre salut et toute idée « d'harmonie supérieure », et déclare : « C'est par amour pour l'humanité que je ne veux pas de cette harmonie. Je préfère garder mes souffrances non rachetées et mon indignation persistante, même si j'ai tort ! D'ailleurs, on a surfait cette harmonie ; l'entrée coûte trop cher pour nous. En honnête homme, je suis même tenu à le rendre au plus tôt. C'est ce que je fais. Je ne refuse pas d'admettre Dieu, mais très respectueusement je lui rends mon billet. » La rage si honnête de Karamazov rappelle celle de ce Luther refusant l'idée d'un Dieu de justice qui ne serait qu'une condamnation supplémentaire, un ajout à l'horreur humaine.

Face au mal radical, en excès, l'annonce du salut par la grâce seule transforme radicalement notre conception de Dieu et de son salut. Dieu s'inscrit désormais au-delà de la justice, par delà le bien et le mal, résistant lui-même à toute idée d'harmonie supérieure. Il ne condamne pas plus qu'il ne compense ce qui est advenu. Cette souffrance injuste, qui ulcère Ivan Karamazov, ne change rien à la présence salvatrice d'un Dieu en croix, en lutte pour un monde enfin possible.

Karamazov peut donc, en effet, reprendre son billet car le sien implique, de fait, celui des autres. Le salut se veut un fait relationnel, social, cosmique et non strictement individuel. Il désigne une lutte contre ce qui émeut précisément Karamazov, et non une bouée de sauvetage pour traverser seul la tempête vers un paradis lointain.

Le salut, au final, n'est donc peut-être rien d'autre que ce qui nous sauve de la ruine et du dépérissement. Or quel est ce salut, sinon le fait tout simple de la natalité ? Comme l'écrit Hannah Arendt dans *Condition de l'homme moderne* : « Le miracle qui sauve le monde, c'est la naissance d'hommes nouveaux, le fait qu'ils commencent à nouveau, l'action dont ils sont capables par droit de naissance. C'est cette espérance et cette foi dans le monde qui ont trouvé sans doute leur expression la plus succincte, la plus glorieuse dans la petite phrase des Évangiles annonçant leur bonne nouvelle : *un enfant nous est né*[11]. »

Ce terme de « grâce » qui sauve désigne peut-être donc, tout simplement, le fait d'avoir été possible. Non le fait d'être ce que nous sommes, ni même d'être aimé, reconnu,

11. Hannah Arendt, *Condition de l'homme moderne*, Calmann-Lévy, 1988, p. 314.

pardonné, mais le fait plus originaire encore d'avoir été possible. Ce simple fait ne contient-il pas, de lui-même, la promesse d'un monde nouveau ? La naissance est le lieu de la grâce comme l'attestation formelle d'un monde qui demeure, en dépit de tout, ouvert à l'avenir, à autre chose, à du neuf. C'est cette puissance du possible, cette force proprement transcendante, qui s'incarne dans le simple fait de la natalité. Cette grâce d'avoir été possible n'est pas seulement cette impulsion créatrice de notre vie, cette grâce traverse l'existence pour ressurgir à chaque instant et nous ressaisir à nouveau.

C'est bien cette grâce d'avoir été possible qui nous touche à nouveau lorsque nous nous trouvons réaffirmés dans notre être, redéployés dans le monde, éveillés à de nouvelles possibilités d'existence. C'est bien cette grâce qui nous saisit lorsque nous nous surprenons capables d'innovation et d'action, lorsque la bonne nouvelle des Évangiles devient la nôtre : un enfant nous est né, le monde nous est redevenu possible.

Répondre « rien » à la question « Que faut-il faire pour être sauvé ? », revient peut-être, tout simplement, à s'accepter comme étant toujours déjà reconnu par un autre, à se croire pleinement autorisé à être, à accepter d'être accepté. Le salut, c'est ne plus se préoccuper de son salut.

Un salut recevable ?

Mais ce rien est-il réellement audible et recevable ? N'avons-nous pas toujours et encore besoin de poser des actes pour gagner une reconnaissance ? Telle une manière fort légitime de se sentir plus responsables et davantage pris en compte ?

La prédication de la grâce nourrit parfois une approche négative de l'humanité. Dans la mouvance, entre autres, du théologien Karl Barth, le protestantisme a souvent cultivé un certain pessimisme à l'endroit de l'humanité afin de souligner l'impérieuse et absolue primauté de Dieu sur toute œuvre humaine, mais aussi, et surtout, afin de disqualifier toute démarche spirituelle et religieuse de la part de l'homme. Le sentiment, la raison, l'expérience, sont incapables de Dieu, ne peuvent en rien le signifier et le rencontrer. Une véritable « zone glacière » sépare Dieu et l'homme, dira Barth, une « distance qualitative infinie » les oppose ; seul Dieu, à travers le Christ peut le rejoindre et se lier à lui.

Ce schéma qui, à tort, résume trop souvent le protestantisme, a pour avantage de désacraliser toute médiation et institution religieuse, mais pour méfait de voir en la grâce le salut nécessaire d'une humanité perdue, défaillante et incapable ; comme si la grâce était la réponse provoquée par le rien de l'homme… « Plus on donne à Dieu et plus on retire à l'homme », ironisait Voltaire. Or, loin de rabaisser l'humanité, la gratuité de la grâce en signifie toute la grandeur. Sauvé malgré lui, l'homme est rendu à sa liberté spirituelle, créatrice, amoureuse, pour incarner la grâce qui le porte et qui fait de lui une véritable espérance de Dieu.

Cette prédication de la grâce nous place toujours à contre-courant des logiques dominantes de la performance, de notre quête insatiable de reconnaissance, de notre impérieux besoin de consolation… Cette prédication est constamment à reprendre car la grâce est toujours plus que le simple objet d'une prédication. Elle ne s'enseigne pas et ne se délivre pas ; elle surgit comme ce moment de bonheur intense et fugace qui, soudainement, nous ravit, nous redéploie dans l'existence et nous sauve du souci d'être sauvé.

*

Alain Houziaux

Quel peut être le sens du mot salut pour un incroyant ?

Raphaël Picon

Pour un incroyant, le salut a été utile pour affirmer un certain athéisme. En effet, l'athéisme s'est beaucoup construit à partir d'une certaine critique de cette notion de salut considérée comme une dérive, une fuite, une démission, qui nous plonge dans la rêverie sur une « après-vie », et qui nous permet de supporter passivement tout ce qui se passe dans le monde. Dans cette perspective, on conçoit le salut comme une sorte d'aliénation qui nous coupe à la fois du monde, de nous-mêmes, et des exigences du moment.

D'un point de vue plus positif, le salut peut être, pour un incroyant, la possibilité de se réaliser dans sa propre existence, de donner du sens à ce qu'il vit, d'être saisi par un moment de bonheur qui le réconcilie avec le monde. Et l'on peut se demander si la possibilité de trouver du sens à ce que je vis n'est pas justement la trace d'une transcendance.

DÉBAT

Alain Houziaux

Toutes les religions ont-elles comme ligne d'horizon un au-delà, ou bien certaines croient-elles que le salut peut advenir dans cette vie-ci ?

Fabrice Midal

Certains aspects, particulièrement ésotériques, de nombreuses religions cherchent à faire exploser cette distinction. Pour le bouddhisme, il en est souvent ainsi. L'au-delà n'est pas ailleurs qu'ici. Et votre intuition est très juste. Nous pouvons ici même, goûter le salut… qui n'est donc plus un idéal à atteindre.

Alain Houziaux

En cherchant à nous sauver, Dieu ne tente-t-il pas de réparer les pots qu'il a lui-même cassés ? Il a créé l'homme souffrant, mauvais, mortel. Alors, pour pallier ses défauts et mettre fin à ses souffrances, il aurait organisé le salut…

Raphaël Picon

Je trouve assez insupportable l'idée d'un Dieu qui instrumentaliserait le mal et la souffrance de l'homme pour se rendre nécessaire. On trouve pas mal d'auteurs dans l'histoire chrétienne qui ont soutenu cette position. Je ne partage pas ce schéma de la chute et de la rédemption devenue nécessaire. Je suis plutôt favorable à l'idée d'un processus de création. La grande idée de cette théologie, c'est de dire que Dieu continue de créer. Chaque fois qu'une situation chaotique s'ordonne, qu'une situation plus harmonieuse devient possible, quelque chose de la création est en mouvement et devient plus tangible. Dieu et l'humain sont embarqués ensemble dans un monde qu'il faut rendre plus harmonieux.

Gérard Israël

Il me semble qu'un concept a complètement échappé à votre raisonnement. C'est celui de la culpabilité de l'homme. Comment le salut peut-il se concevoir si l'homme est indemne d'un défaut de nature ? Il serait condamné pour de petites fautes, comme si l'attitude de l'homme dans sa vie quotidienne importait au Tout-Puissant ? Quelque chose ne va pas ! Pour la tradition judaïque, le salut doit être compris comme une sauvegarde, une protection, non comme une visée eschatologique.

Jésus se présente non pas comme le Messie royal, c'est-à-dire comme le Messie qui va donner l'ordre révolutionnaire pour libérer les Judéens de l'oppression romaine ; il ne se présente pas non plus comme le Messie sacerdotal. Il se présente comme le Messie eschatologique, le Messie de la fin des temps. Or, ce Messie-là n'existe pas dans la tradition judaïque. Personne ne peut annoncer la fin des temps qui demeure absolument un mystère.

Une des questions était : « Qu'est-ce qu'une religion sans salut ? » Toutes les religions sont sans salut ! Qu'est-ce qu'une religion avec un espoir de récompense ? La plus belle des religions, c'est celle qui dit : « Je fais la volonté de Dieu et ensuite on verra bien ! »

C'est parce que l'on a introduit cette notion de culpabilité que l'on a inféré l'idée qu'il fallait un salut, au sens chrétien du terme ; sans cela, tout ce qui concerne l'au-delà n'aurait pas été très exaltant pour l'homme de croyance. Toutes les expressions bibliques comme « Dieu marche devant vous » sont uniquement destinées à montrer que Dieu et le bouclier protecteur.

Fabrice Midal

Ce que vous dites est très juste et très beau. Il s'agit tout à la fois d'entrer en soi, au sens d'être à l'écoute de sa propre expérience, et d'en sortir, dans un abandon où il n'y a plus personne à la maison, où il n'y a plus personne à préserver. Voilà le sens réel de l'ouverture.

Le bouddhisme n'est pas « consolatoire » face à la mort. Car il n'y a pas de consolation possible. Les consolations nous trompent. Nous allons mourir et cela est l'horizon de toute expérience humaine. Toute prétention d'un salut qui nous permettrait d'émousser ce fait est un rêve vain. Un rêve dangereux qui conduirait à nous solidifier.

En réalité, nous mourons sans cesse. L'enfant que j'ai été n'est plus, ce moment où je parle avec vous ne sera plus. Le bouddhisme pense la mort comme toujours présente. La reconnaître est un processus constant d'abandon.

Mais ce point de vue n'est pas si étranger à celui présent chez les mystiques d'autres religions qui insistent sur la nécessité d'un abandon complet. On ne peut pas faire l'économie de devoir tout abandonner... C'est là, sans doute, l'une des plus hautes vérités spirituelles !

Alain Houziaux

Beaucoup ont considéré que la culpabilité était une invention de la religion. Les dieux, les prophètes et les prêtres créèrent chez les hommes le sens de la culpabilité dans le but de mieux pouvoir les sauver, un peu comme le docteur Knock convainquait ses patients qu'ils étaient malades afin de mieux pouvoir les guérir.

Dans cette hypothèse, peut-il y avoir une prédication de salut qui soit totalement déconnectée de la culpabilité ?

Raphaël Picon

Si l'on reprend l'histoire du concept de péché originel, il est tout à fait étonnant de voir que c'est devant l'absence de culpabilité que saint Augustin pense la notion de péché originel, pour expliquer comment le mal subi trouve une justification alors qu'il excède considérablement l'idée d'un mal commis. Lorsque le mal subi correspond au mal commis, on est dans une logique de rétribution, c'est très simple. Paul Ricœur, dans son petit livre *Le mal*[1], montre précisément comment l'invention de ce concept de péché originel résout le problème en inventant une sorte de péché transgénérationnel. Ainsi, même si je subis un mal, ce n'est pas moi qui ai commis le mal initial, mais toute une génération avant moi, et l'humanité elle-même.

On peut aussi penser que la religion a souvent utilisé cette culpabilité pour faire

1. P. Ricœur, *Le mal*, Labor et Fides, 1996.

peur et pour se vendre, pour se rendre nécessaire dans son institution et dans sa théologie. Ainsi, la religion n'a pas seulement produit la culpabilité mais elle s'en est servie, elle s'en est alimentée.

Mais à dire vrai, cette notion de péché originel et même de péché ne m'intéresse pas. En revanche, ce qui m'intéresse, ce sont les blessures de notre humanité, sa fragilité, la désespérance qui nous traverse. Le salut, c'est le geste, la parole qui soudainement rend la vie à nouveau possible.

Ainsi, je ne pense pas cette question du salut théologiquement, comme relevant d'une nécessité par rapport à une culpabilité ; ce salut, c'est le seul possible dans le contexte d'une humanité, prise telle qu'elle est, dans sa fragilité et dans ses blessures.

Fabrice Midal

Il faut préciser un point. Le renoncement est l'un des plus hauts gestes spirituels. Il ne consiste pas à renier quoi que ce soit, mais à s'ouvrir pleinement à ce qui est, le plus amplement possible.

Alain Houziaux

Qu'est-ce que la communion des saints ?

Gérard Israël

C'est la solidarité de la condition humaine. Les rabbins expliquent avec beaucoup de poésie que finalement, tous les hommes seront sauvés, et que seule la condition humaine génère la possibilité du monde futur. Jésus est bien d'accord qui dit qu'il n'y aura pas de résurrection à l'identique dans le monde futur. Nous serons tous comme des anges, et il y aura une vraie communion.

Je sais bien que ce n'est pas consolatoire. Mais cela l'est certainement davantage que la théorie de saint Paul selon laquelle la génération transmet le péché, et la transmission du péché conduit à la transmission de la mort ! Autrement dit, procréer ne serait pas transmettre la vie, mais, si je comprends bien saint Paul, ce qui est loin d'être sûr, transmettre la mort !

Table des matières

Composition : Facompo, Lisieux

Achevé d'imprimer par Corlet, Imprimeur, S.A.
14110 Condé-sur-Noireau
N° d'éditeur : 5703 – N° fab. : 5830
N° d'imprimeur : 83763
Dépôt légal : mars 2005
Imprimé en France